PEUT-ON JUGER POUTINE ?

Mathilde Philip-Gay

PEUT-ON JUGER POUTINE ?

Albin Michel

Ouvrage publié sous la direction
d'Hélène Monsacré

Introduction

Nous sommes aujourd'hui à la croisée des chemins : si le droit international n'est pas appliqué à la guerre en Ukraine, c'est la paix mondiale de demain qui est remise en cause. Le mandat d'arrêt émis contre Vladimir Poutine le 17 mars 2023 est une étape qui peut sembler importante, mais elle est loin d'être suffisante.

Ce livre est destiné à quiconque souhaite, sans avoir nécessairement une formation juridique, se faire une opinion sur la *responsabilité individuelle* de Vladimir Poutine et des hommes et femmes de pouvoir en Russie et en Biélorussie, qu'ils appartiennent au monde politique, militaire, médiatique ou financier. Mon but premier est de montrer *pourquoi il faut juger les responsables du crime d'agression de 2022 contre l'Ukraine*, alors même que de précédents crimes d'agression, tout aussi illégaux, ne l'ont pas été.

J'écris ici en tant que juriste française qui se mobilise comme beaucoup d'autres – en particulier Philippe Sands et Gordon Brown, qui ont engagé le mouvement en France, en Grande-Bretagne et aux États-Unis – en faveur de la création d'un tribunal pénal international spécial pour juger ce crime d'agression, l'un des quatre crimes internationaux qui, en raison de leur gravité, constituent un affront à la dignité humaine.

Le 2 mars 2022, le procureur de la Cour pénale internationale (CPI*) a ouvert une enquête, sur renvoi de trente-neuf États parties, qui porte sur l'ensemble des allégations de crimes de guerre[1], de crimes contre l'humanité[2] et de crimes de génocide[3] commis par quiconque, sur quelque partie du territoire ukrainien que ce soit, depuis le 21 novembre 2013[4]. Mais il est souvent difficile de prouver le lien entre ce type de crimes et ceux qui en sont responsables au plus haut niveau. Autrement dit, le risque existe que la CPI ne soit en mesure de juger que les subordonnés et que les principaux décideurs restent impunis, ou que leurs condamnations soient limitées à quelques crimes.

Il existe un quatrième crime international, le crime d'agression, que j'ai choisi de qualifier de « matriciel », car c'est celui qui entraîne les trois autres crimes internationaux. Défini plus tardivement, il exige qu'une agression reconnue soit imputable à une « personne effectivement en mesure de contrôler ou de diriger l'action politique ou militaire[5] » de l'État agresseur. Le crime d'agression recouvre la planification, la préparation, le déclenchement ou la commission d'actes impliquant la force armée contre la souveraineté, l'intégrité territoriale ou l'indépendance politique d'un autre État. Par sa nature, sa gravité et son ampleur, il constitue une violation manifeste de la Charte des Nations unies.

Mais la CPI ne peut pas exercer sa compétence concernant le crime d'agression[6] commis contre l'Ukraine[7], alors même que lui seul mène avec certitude aux véritables décisionnaires.

Loin d'être exhaustifs, les faits présentés ici sont sélectionnés pour permettre d'aborder l'ensemble des questions qui se posent en droit international. Les cas de l'Ukraine et de l'Irak, qui sont centraux dans ce livre, peuvent ainsi être transposés à d'autres situations comparables.

Tous les faits que je convoque sont attestés par des témoignages devant une juridiction, des vidéos, des échanges de mails ou des déclarations publiques. Certains nous sont parvenus grâce au travail remarquable de deux équipes de journalistes français – celle de Maryse Burgot et celle de Patrick Chauvel et Florent Marcie, qui risquent leur vie pour faire connaître la vérité. Je voudrais ici leur rendre hommage.

J'ai souhaité faire entendre la parole des victimes en insérant, au fil du texte, de courts extraits de correspondances et des témoignages.

Les victimes ukrainiennes sont représentées par Mati, Oksana et Baboussia. Si j'ai choisi de raconter, parmi tous les drames que cette guerre d'agression entraîne, l'histoire de trois femmes, c'est pour dénoncer aussi l'hypersexualisation, soigneusement entretenue par Vladimir Poutine, qui caractérise cette guerre. Fidèle à l'image de « mâle viril » qu'il a toujours cherché à se façonner, le président russe a très vite comparé l'agression de l'Ukraine à un viol. Il se veut comme ces guerriers antiques, qui considéraient que s'emparer d'une autre cité équivalait à prendre une femme de force[8].

Mes lectrices et lecteurs spécialistes du droit international me pardonneront, je l'espère, d'avoir adopté, afin d'être compréhensible pour le plus large public possible, un vocabulaire courant. Des références et des précisions juridiques se trouvent dans les notes placées en fin de volume. Pour plus de détails, je me permets de renvoyer aux conférences et aux chapitres d'ouvrages spécialisés que j'ai écrits. On trouvera aussi en fin de volume une chronologie et un lexique des principales institutions, organisations et juridictions citées (leur première occurrence dans le corps du texte sera marquée d'un astérisque).

La loi, le criminel et le tireur embusqué
Hollywood, 1962

Le western L'homme qui tua Liberty Valance *est facile à comprendre : c'est une confrontation entre la loi et la violence, le droit et la sauvagerie.*

Dans une petite ville de l'Ouest américain, le jeune juriste Stoddard[9] *est provoqué en duel par un violent criminel, tireur chevronné, qui se nomme Liberty Valance. L'homme de loi n'a absolument aucune chance, pourtant il décide d'affronter le hors-la-loi. Il s'avance dans la rue principale, une arme à la main. Adossé à un poteau, Valance l'attend, affichant l'air confiant et provocateur de celui qui est tout à son affaire : il n'en est pas à son premier duel, pas non plus à son premier meurtre. Pourtant, l'espace d'un instant, la peur se lit dans ses yeux. En pleine lumière, il est une proie facile, que son adversaire, plongé dans l'ombre de la rue, pourrait abattre à tout moment s'il décidait de ne pas suivre les règles. Il demande donc au juriste de sortir de l'ombre afin de mieux le voir. Pour l'effrayer et l'humilier, il tire une balle juste contre sa tête. Puis, hilare, il le désarme en lui tirant sur la main. Bravache, il lui intime de ramasser son pistolet, sans doute pour ne pas avoir à triompher en lâche d'un adversaire sans défense. Stoddard, blessé et terrorisé, s'approche de Valance, qui ne cesse de fanfaronner. Ils tirent en même temps. Le bandit s'écroule.*

L'homme de loi n'avait aucune chance, et pourtant…

I.

HOMMES ET FEMMES DE LOI

Où l'on se demandera pourquoi il est nécessaire de poursuivre le dirigeant russe pour crime d'agression plutôt que de l'éliminer.

1.

Poursuivre

« Vassilissa apporta le crâne dans la chambre. Aussitôt les yeux brûlants se fixèrent sur la marâtre et ses filles, les suivant partout. En vain tentaient-elles de fuir ou de se cacher, les yeux les poursuivaient, et avant l'aube il n'en resta que cendres. »

Vassilissa la très belle, conte russe.

Sotchi, 5 avril 2008

Deux chefs d'État dansaient.

Le monde était en pleine crise économique et craignait une nouvelle guerre froide ; le seuil de quatre mille militaires américains tués en Irak venait d'être franchi ; mais, dans la résidence Botcharov Routcheï, reconvertie en salle de banquet, Vladimir Poutine et George W. Bush, tout sourire, suivaient la musique entraînante jouée par l'orchestre cosaque de Kouban.

Des femmes vêtues de costumes traditionnels tournaient en chantant, leurs longues tresses virevoltant autour d'elles. Les parfums français dont elles s'étaient aspergées se mêlaient à ceux du plat qui venait d'être servi. Les convives, majoritairement masculins, regardaient les danseurs, calés sur leur chaise, la fourchette en l'air ou un morceau de pain au bout des doigts. Leur joie un peu factice remplissait son office : il leur fallait montrer qu'ils s'amusaient. La musique s'accéléra. Sur l'estrade, la dizaine de danseurs suivaient parfaitement le rythme. Guidés par les femmes, trois hommes en souliers vernis s'avancèrent rapidement vers le centre du cercle en se tenant par la main, puis reculèrent, toujours raides, mais avec entrain.

Lorsque la ronde se défit, tous les regards se tournèrent vers le seul de ces trois hommes à ne porter ni costume ni cravate : Vladimir Poutine, président pour un mois encore. En col roulé et pantalon sombre, d'allure martiale, il serrait sa partenaire en s'appliquant à battre la mesure. Sa veste marron clair, pourtant dépourvue de décoration militaire, était agrémentée d'épaulettes. Il agitait un bras et levait les pieds en suivant la cadence. L'exécution des pas était parfaite.

Vladimir Poutine avait prévu de redevenir Premier ministre quelques semaines plus tard. Ce n'était pas une bonne nouvelle pour la paix mondiale.

La première fois qu'il avait été nommé à cette fonction, en août 1999, il avait déclenché la seconde guerre de Tchétchénie, une guerre de recolonisation destinée à faire oublier les affaires de corruption touchant les milieux d'affaires russes et à gagner de la notoriété en Russie. Officiellement, s'il était intervenu militairement sur le territoire tchétchène, c'était surtout parce que ses dirigeants avaient appelé « publiquement à l'extermination des Juifs », voulaient créer des « États-Unis de l'islam » et « décapitaient les étrangers ». Cette intervention militaire eut des résultats inespérés : la cote de popularité de Vladimir Poutine augmenta aussi fortement que le nombre de morts à Grozny. La population de la ville fut décimée, comme l'avait été, en 1941-1944, celle de Léningrad, où Vladimir Poutine était né. Mais le traumatisme vécu par le petit garçon qu'il avait été ne lui inspira aucune pitié pour les Tchétchènes.

Les dirigeants occidentaux rappelèrent ses obligations à la Russie : en tant que membre de l'ONU*, de l'OSCE* et du Conseil de l'Europe*, elle devait respecter le droit international et les droits fondamentaux des personnes humaines. Des organisations internationales s'offusquèrent aussi. Mais, finalement, tous réduisirent cette guerre à un conflit intérieur, et, en fin de compte, personne n'intervint pour sauver les populations civiles[1].

Seuls des soldats russes envoyés au front, ou leurs mères, engagèrent des actions de protestation[2]. Pas de quoi empêcher Vladimir Poutine de dormir, ni de recommencer : la Géorgie était à l'époque son prochain objectif. Il y aurait ensuite l'invasion de la péninsule de Crimée en Ukraine, en 2014, puis l'aide apportée à Bachar El-Assad l'année suivante, pour qu'il puisse se maintenir au pouvoir en Syrie.

Ce jour-là, à la résidence Botcharov Routcheï, le second chef d'État, George W. Bush, choisit de ne pas monter sur l'estrade. Il fit comprendre qu'il acceptait de se lever pour participer aux festivités inscrites au programme de la visite officielle, mais qu'il se contenterait de rester devant la table d'honneur. Lorsque la musique commença, il fit d'abord tourner sa cavalière, lui adressa un sourire réservé, puis se mit à imiter tous les mouvements de la jeune femme. Lorsqu'elle lui lâcha les mains, il eut un instant d'hésitation sur l'attitude à adopter, car la chanson continuait.

Soudain inspiré, il se décida à balancer les bras de gauche à droite avant de lever les mains au niveau de son visage comme un danseur de flamenco, puis de les frapper l'une contre l'autre en regardant la danseuse qui pirouettait autour de lui. De loin, il semblait très à l'aise ; de près, il était emprunté, gauche. Ses yeux cherchaient ceux de sa femme, assise à sa table, qui affichait un sourire de soutien.

George W. Bush achevait son second mandat à la tête des États-Unis.

Exactement cinq ans plus tôt, le 20 mars 2003, les forces américaines, britanniques, polonaises et australiennes[3] avaient engagé l'opération « Liberté de l'Irak », une guerre illégale au regard du droit international bien qu'autorisée par le Congrès américain.

Le 9 avril 2003, les écrans du monde entier avaient montré la destruction de la statue de Saddam Hussein, puis la capture de ce dernier près de Takrit. Le Président Bush avait déclaré à cette occasion que l'ancien dictateur irakien allait enfin « faire face à la justice qu'il avait déniée à des millions de personnes[4] ». Dès 2004, Saddam Hussein fut jugé par un tribunal d'exception, puis pendu le 30 décembre 2006.

Entre le 28 et le 30 avril 2004 circulèrent les premières photos de la prison Abou Ghraib à Bagdad : elles montraient des prisonniers irakiens, parfois nus ou tenus en laisse, humiliés par des membres de la police militaire américaine. Ce type d'actes est une violation du principe de dignité humaine et de la Convention contre la torture de 1984[5]. La guerre d'Irak a ainsi constitué un redoutable précédent de violation du droit international.

Ce 5 avril 2008, à Sotchi, la rencontre entre George W. Bush et Vladimir Poutine ne s'était pas très bien passée. Le président russe était encore mécontent de l'accord de principe donné deux jours plus tôt par l'OTAN* à l'Ukraine et à la Géorgie selon lequel elles pourraient entrer un jour dans l'Alliance. Il n'avait pas non plus apprécié les remarques que son homologue américain avait cru bon de faire à propos de l'État de droit et des libertés. S'il avait essayé de se montrer conciliant pour ne pas trop froisser son hôte, Vladimir Poutine avait pourtant affiché une froideur glaçante pendant le reste de l'entrevue. Il menaçait même de pointer de nouveaux lanceurs sur l'Europe, comme au temps de la guerre froide, en réaction au projet américain de créer un bouclier antimissile en Pologne et en République tchèque.

Lors de sa première rencontre avec Vladimir Poutine, en 2001, George W. Bush l'avait regardé dans les yeux et avait cru se faire une idée de son âme : pour lui, le président russe était digne de confiance[6]. Il avait d'ailleurs immédiatement eu envie de peindre son portrait. Depuis ce premier contact, les deux chefs d'État s'entendaient plutôt bien. En 2007, il y avait quand même eu cette histoire avec Barney, le chien adoré du président américain. Lorsque ce dernier avait présenté son « fidèle compagnon » à Vladimir Poutine, « en lui précisant la place de choix que celui-ci occupait dans son cœur », son homologue lui avait répondu : « Tu appelles ça un chien[7] ? ». Mais Bush avait préféré ne pas s'en formaliser. Quelques mois plus tard, Poutine lui montrait sa propre chienne, Konni, un Labrador retriever, en lui lançant : « Tu vois, elle est plus grosse et plus rapide que Barney[8]. » George W. Bush avait ri et avait rétorqué, non sans ironie : « Waouh ! Quelqu'un qui pense que [son] chien est plus gros que le [mien] est un personnage intéressant[9]. » Et puis, Vladimir Poutine était bien plus chaleureux avec lui qu'avec Angela Merkel qui, de notoriété publique, avait peur des chiens – raison pour laquelle le président russe lui avait offert en cadeau… un chien.

En réalité, si George W. Bush et Vladimir Poutine dansaient ce soir-là, ce n'était pas dans l'intention de célébrer leur bonne entente, mais parce que les États, et les personnes qui incarnent ces États à l'étranger, sont contraints de tenir compte de l'existence des autres. Progressivement, à travers le XXe siècle, des règles et des principes ont organisé les rapports entre les différents pays[10] : en mer, dans le cadre du commerce international ou d'un accord de paix, puis, plus tard, dans le cadre de la colonisation[11]. Ces règles et principes régissent les domaines dans lesquels les relations entre États sont inévitables.

Depuis des siècles, de grands auteurs réfléchissent à ces règles ainsi qu'à la distinction entre guerre juste et guerre injuste[12]. Ainsi, au XVIIe siècle, l'auteur du *Droit de la guerre et de la paix*[13], le Hollandais Grotius[14], estimait que quatre causes peuvent justifier de mener une guerre : « la défense, le recouvrement de biens, la punition et la récupération de ce qui est dû[15] ». La guerre n'est donc pas moralement condamnable en tant que telle, mais elle doit être justifiée, ce que les juristes traduisent depuis 1945 de la façon suivante : la guerre n'est pas illégale en soi, mais les États belligérants doivent respecter le droit international[16], en particulier les règles de la Charte de l'ONU*. Ainsi, comme l'explique Serge Sur, professeur de droit international : « Globalement, au XXe siècle, et à la suite des deux guerres mondiales, la tendance dominante du droit international a consisté à interdire de plus en plus largement le recours à la force armée – le pacte de la SDN, le pacte Briand-Kellogg, puis la Charte des Nations unies qui élargit encore les prohibitions[17]. »

Depuis le XVIIe siècle, le droit international repose sur l'obligation pour les États de respecter la souveraineté territoriale des autres[18]. Ce principe est aisé à comprendre : chaque État doit être seul à gouverner et à décider sur son territoire, sans être soumis à un autre pays[19]. En principe donc, un État n'a pas le droit de s'ingérer dans les affaires intérieures d'un autre pays[20], ni de conduire une intervention militaire ou paramilitaire sur le territoire de ce dernier sans son consentement[21], hors cas prévus par la Charte des Nations unies (par exemple en situation de légitime défense ou sur autorisation du Conseil de sécurité[22]). Tout État violant le principe de souveraineté territoriale doit réparation[23].

Si le principe est clair, son application a toujours été plus complexe. Par exemple, jusqu'au milieu du XXe siècle, il n'a pas empêché la colonisation de territoires, et, jusqu'aujourd'hui, les États font évidemment tout ce qu'ils peuvent pour élargir leur sphère d'influence internationale, quitte à s'immiscer plus ou moins discrètement au sein des campagnes électorales étrangères ou à soutenir des tentatives de soulèvement armé dans d'autres pays. En outre, comme l'écrit Serge Sur, « depuis la fin du conflit Est-Ouest, et avec une forte accélération depuis le 11 Septembre, la tendance est au retour des justifications de la violence armée, au desserrement des contraintes juridiques en la matière[24] ». Depuis sa création en avril 1946, des « petits » pays ont pu saisir la Cour internationale de justice (CIJ*) pour faire reconnaître une violation du droit international par des « grands » pays, mais la reconnaissance de la responsabilité de ces derniers continue à dépendre largement de l'étendue de leur puissance.

Les États-Unis, la Grande-Bretagne, la Chine, la France et la Russie sont les cinq membres permanents du Conseil de sécurité, l'organe de l'ONU que l'on appelle souvent le « gendarme du monde ». À ce titre, ils ont la charge de faire respecter les principes de la Charte et de sanctionner les menaces contre la paix, les ruptures de la paix et les actes d'agression[25]. Pourtant, en 2003, avec leurs alliés, les États-Unis et la Grande-Bretagne ont avancé des preuves mensongères pour établir que Saddam Hussein possédait des armes de destruction massive et qu'il n'était pas pour rien dans les attaques menées contre les États-Unis le 11 Septembre 2001[26]. Mais ils n'ont pas bénéficié du soutien du « gendarme du monde » pour attaquer l'Irak : la Chine, la Russie et la France menacèrent d'utiliser leur droit de veto.

Les dirigeants des pays de la coalition[27] ayant attaqué l'Irak étaient conscients de la portée de leurs actes. Aucun d'entre eux n'ignorait qu'une guerre s'accompagnerait nécessairement de crimes contre les civils, qu'elle serait le théâtre d'exécutions sommaires, de viols, de torture et de vengeance, que des enfants mourraient, que des familles seraient décimées. Ils connaissaient aussi les inévitables destructions d'infrastructures, de lieux de vie et de culture, ou encore la dévastation de l'environnement que causerait le conflit armé. Pourtant, il y eut peu de voix dissidentes parmi les hauts responsables pour s'opposer à l'entrée en guerre contre l'Irak, y compris en Grande-Bretagne. Tout juste peut-on signaler la démission de Elizabeth Wilmshurst, conseillère juridique au ministère des Affaires étrangères, celle de trois membres du gouvernement britannique – Robin Cook, John Denham, Philip Hunt – et de Ken Purchase, qui quitta son poste de secrétaire d'État parlementaire en signe de protestation contre la guerre, ou l'action du chancelier de l'Échiquier britannique Gordon Brown (l'équivalent du ministre des Finances en France, ou du secrétaire au Trésor des États-Unis), qui défendit loyalement l'opération « Liberté en Irak », mais à qui il fut longtemps reproché de ne pas allouer assez de fonds pour financer l'armée en guerre. Aux États-Unis, une démission du secrétaire d'État Colin Powell aurait certainement pu tout changer, mais il n'en fut pas question.

En choisissant d'entrer en guerre, les belligérants savaient aussi que le conflit qu'ils provoquaient était illégal. Le 14 février 2003, au Conseil de sécurité de l'ONU, la France, par l'intermédiaire de son ministre des Affaires étrangères, Dominique de Villepin, avait rappelé que, sans éprouver « la moindre complaisance à l'égard de Saddam Hussein et de son régime », elle estimait que l'usage de la force ne se justifiait pas, qu'il existait une « alternative à la guerre ». Surtout, elle dénonçait la fausseté des informations présentées par les Américains au Conseil de sécurité : « Il y a dix jours, le Secrétaire d'État américain, M. Powell, a évoqué des liens supposés entre Al-Qaida et le régime de Bagdad. En l'état actuel de nos recherches et informations menées en liaison avec nos alliés, rien ne nous permet d'établir de tels liens. »

Fait exceptionnel dans l'atmosphère feutrée du Conseil de sécurité, le représentant de la France fut applaudi par le public et la presse, tout comme son collègue russe, dont le discours était proche du sien : « Nous serons disposés à examiner de nouvelles propositions. Mais il est clair d'ores et déjà que la position de la Russie est arrêtée : la solution consistant à régler la crise par la force est inacceptable pour nous », avait affirmé le vice-ministre russe des Affaires étrangères Iouri Fedotov. Après son discours, les représentants des États-Unis et de la Grande-Bretagne ne pouvaient prétendre ignorer que les raisons qu'ils avançaient pour justifier la guerre étaient très douteuses. La Russie de Vladimir Poutine, qui s'opposait depuis longtemps à « la tentative de Washington de consolider une doctrine de guerre préventive[28] », prévint aussi que l'intervention envisagée en Irak était contraire au droit international. Ces préventions n'empêchèrent pas l'attaque de l'Irak par la coalition.

En 2008, si Vladimir Poutine et George Bush pouvaient festoyer gaiement ensemble en dépit de leurs désaccords diplomatiques et des guerres qu'ils avaient engagées, c'est qu'ils n'avaient rien à craindre *personnellement* de la justice internationale. Après tout, traditionnellement, seuls les États voyaient leur responsabilité engagée ; leurs dirigeants n'étaient jamais inquiétés. Du moins, c'est ce qu'ils pensaient. Il y aurait bientôt ce que j'appelle un tireur embusqué, mais cela, les deux chefs d'État ne le savaient pas encore.

En effet, la Grande-Bretagne qui, après les États-Unis, était le pays qui avait envoyé en Irak le plus grand nombre de soldats allait entamer son retrait progressif d'Irak. Gordon Brown, qui avait succédé en 2007 à Tony Blair en tant que Premier Ministre, supervisait ce retrait. Vladimir Poutine et George W. Bush n'auraient peut-être pas dansé avec le même entrain s'ils avaient pu anticiper le rôle que jouerait ce même Gordon Brown, en 2022, dans la mise en cause pénale du président russe.

Depuis un peu plus d'un siècle, l'idée que les dirigeants à la tête des États sont responsables à titre individuel de leurs actes commis dans le cadre de leurs fonctions s'est progressivement imposée en droit international. Ainsi, dès 1815, les Anglais proposèrent de faire comparaître Napoléon Ier devant les représentants de l'ensemble des souverains européens. En 1919, l'ex-empereur d'Allemagne Guillaume II fut mis en accusation pour « offense suprême contre la morale internationale et l'autorité sacrée des traités[29] ». Un tribunal spécial devait lui assurer les garanties essentielles du procès pénal. Composé de cinq juges nommés par les États-Unis, la Grande-Bretagne, la France, l'Italie et le Japon, ce tribunal fut accusé d'incarner une « justice de vainqueurs », si bien que les Pays-Bas refusèrent d'extrader Guillaume II, qui ne fut finalement jamais jugé.

Entre novembre 1945 et octobre 1946, le Tribunal militaire de Nuremberg (TMI*) jugea vingt-deux accusés pour conjuration, crimes de guerre, crimes contre la paix et crimes contre l'humanité. Les hommes qui comparaissaient étaient des hauts responsables nazis, dont les anciens ministres Hermann Göring et Joachim von Ribbentrop. Douze d'entre eux furent condamnés à la pendaison[30], sept frappés d'une peine d'emprisonnement, et trois furent acquittés de l'ensemble des charges qui pesaient sur eux.

Presque au même moment que Nuremberg, entre le 3 mai 1946 et le 12 novembre 1948, eurent lieu à Tokyo les procès de vingt-huit personnes contre lesquelles furent retenues les charges de crimes contre la paix et de crimes de guerre. Ces procès furent très critiqués, notamment en raison du poids dans la procédure des procureurs américains et du commandant suprême des forces alliées, le général MacArthur – les Américains purent en effet sélectionner les affaires et les personnes qui comparaîtraient. L'empereur Hiro-Hito échappa aux poursuites, avec l'accord de la Grande-Bretagne, de la Chine et le soutien tacite de l'Union soviétique[31].

Après la guerre froide, la construction de la justice internationale reprit. Le Conseil de sécurité créa le Tribunal pénal international pour l'ex-Yougoslavie (TPIY*), en 1993[32], puis le Tribunal pénal pour le Rwanda (TPIR*) l'année suivante[33]. Leurs statuts et leur jurisprudence complétaient la définition des crimes internationaux, déterminaient une procédure adaptée à l'ampleur des faits commis et autorisaient le jugement de hauts responsables politiques et militaires de ces deux pays.

Ces précédents encouragèrent les partisans de la création d'une cour criminelle internationale permanente qui jugerait de la responsabilité individuelle d'acteurs politiques ou militaires pour les crimes les plus graves commis à leur initiative et sous leur autorité.

La Cour pénale internationale naquit le 1er juillet 2002, après que soixante États en eurent ratifié le statut[34]. Elle connaît des crimes contre l'humanité, du crime de génocide, des crimes de guerre et, depuis 2018 et sous certaines conditions strictes, du crime d'agression. Son principe est la complémentarité : ce sont les autorités judiciaires de chaque État ayant ratifié le statut de la Cour qui sont tenues d'enquêter sur les crimes internationaux et d'en juger les responsables présumés. La Cour n'intervient que si ces autorités sont incapables ou si elles n'en ont pas la volonté[35].

Depuis la création de la Cour pénale internationale, la souveraineté ne constitue plus un paravent offert à « de nombreux tyrans[36] » afin de leur permettre de « martyriser leur peuple à l'abri des regards indiscrets[37] ».

L'existence de la CPI n'a pas empêché la création de nouvelles juridictions ou chambres spéciales sous l'égide d'organisations internationales ou régionales, telles que le Tribunal spécial pour la Sierra Leone (TSSL*) en 2002, les Chambres extraordinaires au sein des tribunaux cambodgiens (CETC*) en 2005 et les Chambres africaines extraordinaires (CAE*) en 2012. Certaines de ces juridictions mirent en cause des chefs d'État, comme par exemple Laurent Gbagbo, qui fut acquitté par la CPI le 31 mars 2021, Slobodan Milosevic, inculpé le 27 mai 1999 par le TPIY, et Charles Taylor, inculpé par le TSSL le 4 juin 2003. Ces deux derniers furent mis en cause alors qu'ils étaient encore présidents[38].

La Russie de Vladimir Poutine n'opposa son veto à aucune résolution créant des juridictions pénales internationales spéciales, ni au jugement de chefs d'État par ces dernières. Elle considérait donc que faire comparaître un haut dirigeant devant un tribunal *ad hoc* pour des crimes internationaux était conforme au droit international.

En 1945, le tribunal de Nuremberg avait reconnu que « ce sont des hommes, et non des entités abstraites, qui commettent les crimes dont la répression s'impose comme sanction du droit pénal international ». Concrètement, cela signifiait que, désormais, les hauts responsables politiques et militaires de ces États pouvaient finir leurs jours en prison pour avoir commis conjuration, crimes de guerre, crimes contre la paix et crimes contre l'humanité.

Pour autant, en dépit de cette évolution du droit international pénal, George W. Bush et Vladimir Poutine n'avaient rien à craindre en 2008. Aucune juridiction spéciale n'avait été créée pour connaître des crimes qui découlaient de la décision de déclencher la guerre en Tchétchénie ou en Irak. Ils ne risquaient pas non plus de comparaître devant la CPI, qui existait depuis 2002. En effet, ni les États-Unis ni la Russie n'en avaient reconnu la compétence[39]. Et, même si la Russie avait d'abord signé le traité en septembre 2000, elle s'était ensuite ravisée et, en 2016, avait retiré sa signature.

Lorsque le crime est commis sur le territoire d'un État n'ayant pas ratifié le statut de la Cour[40], que l'auteur supposé des faits n'est pas ressortissant de l'un de ces États signataires[41] et n'a pas fait de déclaration afin d'accepter provisoirement la compétence de la Cour pour des crimes commis sur son territoire au cours d'une période précise[42], la seule possibilité qu'il reste pour que cette juridiction soit compétente est que le Conseil de sécurité défère la situation à son procureur[43]. Mais George W. Bush et Vladimir Poutine ne craignaient rien non plus de ce côté, puisqu'ils pouvaient empêcher le Conseil de sécurité d'agir en brandissant le veto de leur État. De surcroît, en 2008, la CPI n'était pas encore compétente pour juger le crime d'agression.

Ainsi, les États-Unis et leurs alliés n'eurent pas à répondre de l'invasion de l'Irak ; leurs dirigeants non plus. Et cela permit à des gouvernants du monde entier de se dire que, finalement, ils ne risquaient rien à intervenir militairement sur le territoire d'autres États.

À Sotchi, lorsque la danse fut terminée, c'est par sa cavalière, dont les cheveux avaient la couleur du blé, que Vladimir Poutine fut reconduit, en musique, jusqu'à la table d'honneur. Le président conserva quelques instants la main de la jeune femme dans la sienne, regarda rapidement le poignet puis les doigts, avant d'y déposer un baiser. Il ne se contenta pas d'en effleurer la peau, comme le faisait le tsar lorsqu'il voulait témoigner du respect à certains de ses sujets[44] : il pressa ses lèvres, en signe de domination. Cela n'échappa pas à la danseuse qui, sans se départir d'un sourire professionnel, lança furtivement de ses yeux bleu ciel un regard glacial au président, montrant qu'elle n'était pas disposée à se laisser ainsi soumettre. Vladimir Poutine lui lâcha la main et alla se rasseoir aux côtés de son homologue américain occupé à rire à gorge déployée avec son épouse Laura. Après quelques secondes de flottement, les autres convives, à qui la scène n'avait pas échappé, rirent avec eux, mais certains avaient un regard fuyant.

Deux ans plus tard, en 2010, on vit enfin naître l'espoir que les actes d'agression ne resteraient plus impunis. Réunis à Kampala, la capitale de l'Ouganda, les États membres de la CPI décidèrent que la Cour serait compétente pour les crimes d'agression à partir du 17 juillet 2018. En attendant, les États devaient ratifier les amendements de Kampala, qui modifiaient le statut pour y intégrer ce type de crimes, qui ont ceci de particulier de ne pouvoir être commis que par un haut dirigeant, ou plus précisément « par une personne en mesure de contrôler ou de diriger l'action politique ou militaire » d'un État.

Lorsqu'un gouvernant initie une guerre, il organise des réunions, prépare des plans, signe des ordres et fait souvent une déclaration solennelle devant les caméras relatant chacune des étapes de sa préparation, pour justifier l'intérêt de l'intervention militaire qu'il a décidée. Ce faisant, il fournit les preuves de son implication.

Depuis 2018, il est donc possible de poursuivre des dirigeants qui décident d'envahir, d'occuper, d'annexer des territoires, de mettre en place un blocus des ports ou des côtes d'un autre État[45], à condition, notamment, que, par leur caractère, leur gravité et leur ampleur, les actes qui leur sont reprochés soient considérés comme des violations manifestes de la Charte des Nations unies. Même si c'est trop tard pour l'Irak, la Tchétchénie et toutes les guerres d'agression déjà menées, la Cour pénale internationale peut désormais juger pour agression de hauts responsables, à condition que leur pays, ou celui où le crime a été commis, y consente. En l'absence de consentement de la part des États concernés, la CPI a la possibilité d'ouvrir une enquête si le Conseil de sécurité le décide. Mais le problème est que la Chine, les États-Unis, la France, le Royaume-Uni et la Russie ont chacun le pouvoir d'empêcher à eux seuls les décisions du Conseil de sécurité des Nations unies en y opposant leur veto.

En 2022, ni la Russie ni l'Ukraine n'étaient parties au statut de la CPI, mais les États non parties[46] peuvent toutefois reconnaître la compétence de la Cour à l'égard d'une situation précise[47]. L'Ukraine l'a fait à deux reprises, pour crimes de guerre, crimes contre l'humanité et crimes de génocide. Ainsi, par une première déclaration, le 9 avril 2014, elle accepta la compétence de la CPI pour les crimes commis sur son territoire national par la Russie, entre le 21 novembre 2013 et le 22 février 2014, à l'occasion des manifestations pro-européennes ayant suivi le refus du gouvernement ukrainien de signer l'accord d'association entre l'Ukraine et l'Union européenne. Elle recommença, le 8 septembre 2015, et dénonça cette fois-ci l'ensemble des crimes commis par la Russie sur le territoire ukrainien depuis le 20 février 2014, après l'annexion de la Crimée et la guerre du Donbass. Cependant, cette dernière déclaration ne pouvait pas intégrer le crime d'agression qui, on l'a vu, ne serait pris en compte qu'à partir de 2018. Voilà sans doute pourquoi, en 2022, Vladimir Poutine se crut libre de recommencer à intervenir militairement en Ukraine, en toute impunité.

Début février 2022, pour évoquer l'obligation dans laquelle étaient les Ukrainiens de respecter, bon gré mal gré, les accords de Minsk, le président russe cita une chanson populaire russe : « Que oui ou non cela te plaise/À toi de l'supporter ma belle. » Quand on connaît le reste du couplet, plus que glaçant (« Dans la tombe, elle dort ma belle/ Je m'incline et je te b.../Que oui ou non cela te plaise/À toi de l'supporter ma belle »), on comprend qu'en citant cette chanson Vladimir Poutine reconnaît avoir violé l'Ukraine et lui annonce qu'il recommencera et qu'elle n'aura pas d'autre choix que de se laisser posséder. Volodymyr Zelensky avait bien saisi le message, qui répondit : « L'Ukraine est belle, c'est vrai, mais le recours au possessif "ma" est de trop. »

Lyon, 1er mai 2022

Chère Mati,

Tu m'as raconté que tu n'arrivais plus à dormir. La souffrance de ta petite fille est insupportable. L'institutrice de sa nouvelle école, qui sait ce qui lui est arrivé, t'a prise à part et t'a dit qu'elle trouvait étrange que tu aies l'air si normale. Tu as eu l'impression qu'elle te reprochait presque de survivre. Tu aurais aimé lui dire que tu n'étais pas si menue avant, que tu prenais soin de toi, que tu étais amoureuse, que tu aimais danser et rire, marcher au milieu des blés le dimanche après-midi avec ton homme – lorsqu'il était encore en vie –, ta fille et ton chien, que vous aimiez contempler les nuages qui se formaient dans le ciel bleu. Tu aurais aimé lui dire que tu essayais juste d'être courageuse. Mais les mots ne sont pas sortis. Tu en as voulu à l'enseignante, parce que les larmes qu'elle a provoquées ont coulé devant la petite.

Tu m'as aussi parlé de ta colère parce que certains commencent déjà à dire que ce n'est pas arrivé, que ta fille n'a rien subi, que certains mots ont été placés dans sa bouche par des adultes manipulateurs. Certains ont même prétendu que tu n'as pas d'enfant, que tu as tout inventé. Le doute les protège ou sert leurs intérêts, mais au fond ils connaissent la vérité. Sauf que toi, tu n'as pas d'autre choix que de t'y confronter tous les jours.

Tu t'es dite indifférente au sort du chef de l'État qui a créé les conditions pour qu'une petite fille subisse la pire ignominie. Ce n'est pas le président lui-même qui a violé, humilié, blessé pour toujours. Ce ne sont pas ses mains qui ont frappé, ni ses paroles qui ont cherché à détruire le souffle de vie qui restait. Il a décidé de la guerre. C'est tout. Pourquoi devrait-il être jugé, à l'instar de celui qui s'est servi de son corps, de ses mains, de ses mots ?

Ekaterinbourg, 17 juillet 1918

« Les vôtres ont essayé de vous sauver, mais ils n'y sont pas parvenus. Et nous sommes obligés de vous fusiller. Votre vie est terminée[48]. »

Cela ressemblait à une sentence de tribunal, mais il n'y avait pas eu de jugement. Cela ressemblait à un verdict, mais il n'y avait eu ni avocats, ni jurés, ni délibérations. Le chef de l'Empire russe, le tsar Nicolas II, allait être fusillé sans procès.

Quelques minutes plus tôt, en cette nuit du 16 au 17 juillet 1918, les membres de la famille impériale avaient été sommés de s'habiller. Ce fut le commissaire Iakov Iourovski, qui avait signé leur arrêt de mort, qui annonça au tsar et à son épouse, Alexandra Feodorovna, qu'ils allaient être exécutés, avec leurs cinq enfants, trois de leurs domestiques et le médecin du petit tsarévitch.

Après que Iourovski eut lu sa déclaration, le tsar essaya de lui répondre, ou peut-être de lui poser une question, mais le commissaire l'ignora. Il répéta la sentence, d'un ton plus mécanique que la première fois, se tourna brusquement vers les gardes et leur ordonna de tirer. Les moteurs des camions couvrirent les coups de feu. Les victimes encore vivantes furent achevées au pistolet ou à la baïonnette[49]. Maria, dix-neuf ans, la troisième fille du couple impérial, avec laquelle les gardiens avaient tous sympathisé, ne se décidait pas à mourir malgré leurs efforts. Il fallut la poignarder plusieurs fois avant qu'elle cessât enfin de gémir, puis de respirer. Les gardes chargèrent les onze corps dans les camions, puis les transportèrent jusqu'à la forêt voisine d'Ekaterinbourg, où ils furent enterrés.

En 2008, la Cour suprême de la Fédération de Russie reconnut l'illégalité de l'exécution de la famille impériale sans aucune forme de procès et réhabilita l'ensemble de ses membres[50].

Moscou, mai 2022
Ne vaudrait-il pas mieux tuer Vladimir Poutine plutôt que le juger ?

Au début du printemps 2022, des éditorialistes s'interrogèrent sur l'opportunité de faire assassiner Vladimir Poutine. Leur raisonnement était le suivant : si le président russe était éliminé, il n'y aurait plus de guerre en Ukraine, plus d'exécutions sommaires de soldats ennemis, plus de civils massacrés, plus de petites filles violées par des soldats, plus de rapts d'enfants ukrainiens envoyés en Russie, plus de petites mères dévastées, plus de jeunes femmes séquestrées dans des caves, plus de grands-mères apeurées seules dans leur maison à écouter les bombes tomber. Plus de vies brisées.

C'était un faux raisonnement, de ceux que l'on peut tenir dans l'urgence, sous le coup de la peur ou de la colère.

La vie des dirigeants et des membres de leur famille est protégée en droit international. Cent quatre-vingts pays, sur les cent quatre-vingt-treize que compte l'ONU, se sont engagés à garantir cette protection[51]. Ils doivent donc prévenir et réprimer le meurtre contre « certaines autorités de l'État[52] », « lorsqu'elles se trouvent dans un État étranger », et contre « les membres de leur famille qui les accompagnent »[53]. La Fédération de Russie et l'Ukraine se sont toutes deux engagées à respecter cette interdiction en 1976[54] (du temps de l'URSS donc), avant le Royaume-Uni, mais la même année que les États-Unis. Quant à la France, elle ne la respecte que depuis 2003[55]. De ce fait, ni la Russie, ni l'Ukraine, ni les pays de l'OTAN n'avaient le droit de faire tuer Vladimir Poutine, ou l'un des dirigeants de la Russie. Et réciproquement.

Dès le début de l'invasion du territoire ukrainien, nombreux furent pourtant ceux qui pensèrent qu'assassiner Vladimir Poutine serait la seule solution pour mettre fin à la guerre en Ukraine – y compris des intellectuels français, qui n'auraient peut-être jamais osé l'exprimer tout haut. Ainsi, le 4 mars 2022, le sénateur américain Linsey Graham publiait le message suivant : « La seule façon d'arrêter cette guerre est d'éliminer Vladimir Poutine. »

Pour ma part, je renonçai à compter le nombre d'étudiants qui m'avaient fait la même réflexion en cours. Eux, les étudiants en droit. Je n'aurais jamais osé leur avouer que j'avais aussi envisagé l'hypothèse, une demi-seconde. Moi, la professeure de droit. Une demi-seconde de trop. En effet, défendre un tel procédé, c'était replonger le monde en 1943, lorsque Winston Churchill appelait à fusiller les chefs nazis sans procès afin de précipiter la fin de la Seconde Guerre mondiale, alors même que des juristes soviétiques réfléchissaient à un futur jugement pour les criminels nazis[56].

Mais les choses allaient même plus mal en 2022 qu'en 1943 : d'après les services secrets américains, l'un des objectifs de la Russie avec la guerre en Ukraine était de tuer le président Zelensky pour le remplacer par un dirigeant prorusse. Dès lors, si le dirigeant d'un grand État violait le droit international en projetant d'éliminer physiquement le dirigeant d'un plus petit État, pourquoi l'inverse n'aurait-il pas été envisageable ?

Le 20 mai 2019, vêtu d'un costume sombre, le grand collier présidentiel autour du cou, Volodymyr Zelensky, ancien acteur comique, avait prononcé, d'un air solennel, le serment exigé par la Constitution ukrainienne. Il avait juré notamment de défendre la souveraineté et l'indépendance de son pays et de rehausser le prestige de l'Ukraine dans le monde. Sur ces derniers points, un certain scepticisme régnait à l'époque[57]. En effet, après avoir été élu, le jeune président avait dit en avoir « ras-le-bol » de la guerre. Il avait dit aussi avoir l'intention de « relancer » le processus de paix avec la Russie, dans le cadre des accords de Minsk qui impliquaient la France et l'Allemagne.

Comparé à son prédécesseur, Petro Porochenko, dont le slogan était : « C'est moi ou Poutine ! », Volodymyr Zelensky avait l'air plus faible, plus facile à faire plier. Sous la présidence de Porochenko, le pays avait reconquis une grande partie du Donbass. L'ancien dirigeant avait su se montrer ferme avec Moscou quand il avait négocié les accords de Minsk à l'automne 2014 et à l'hiver 2015. Par comparaison, Zelensky apparaissait trop peu pressé de résoudre la crise du Donbass, trop complaisant avec la Russie. Il y avait aussi la rumeur de scandales financiers autour de l'un de ses principaux soutiens politiques. Le 21 décembre 2021, un institut de sondage ne le créditait que de 31 % d'approbation.

Cela n'avait pas pu échapper à Vladimir Poutine. Un président ukrainien apparemment insignifiant et impopulaire allait arranger ses affaires. Le président russe ne s'attendait certainement pas à ce que Zelensky fût en fait homme à rester à Kiev, à prendre la direction des opérations militaires et, à peine deux jours après le déclenchement de la guerre, à lancer aux Américains qui lui proposaient de l'exfiltrer cette phrase devenue célèbre : « J'ai besoin de munitions antichars, pas d'un taxi. »

En tant que professeure de droit, spécialiste de la responsabilité des chefs d'État, j'avais commencé à m'intéresser à Volodymyr Zelensky en juillet 2019, lorsqu'une simple conversation téléphonique qu'il avait eue avec Donald Trump avait justifié l'ouverture d'une procédure en destitution de ce dernier. Lors de cette conversation, le président américain avait essayé d'obtenir de Volodymyr Zelensky des informations qui seraient défavorables à son potentiel adversaire à la présidentielle, Joe Biden, en échange d'une aide militaire en Ukraine. Accusé d'avoir utilisé les moyens de l'État pour favoriser sa réélection, Donald Trump avait finalement été acquitté en février 2020. Volodymyr Zelensky n'était encore qu'un personnage secondaire sur le plan international. Je me souviens de la difficulté de mes étudiants d'alors à retenir son nom, mais aussi de la curiosité que suscitait chez eux son ancienne profession d'acteur.

Lors d'un cours sur la responsabilité des dirigeants politiques, j'avais lu avec eux des extraits du dialogue téléphonique entre Donald Trump et son homologue de Kiev. Au début de l'échange, Volodymyr Zelensky avait suscité l'hilarité de Donald Trump en lui disant : « La première fois, vous m'avez appelé pour me féliciter de ma victoire à la présidentielle ; aujourd'hui, vous m'appelez une deuxième fois après la victoire de mon parti aux législatives. J'aimerais me présenter plus souvent à des élections, pour que vous m'appeliez plus souvent. » Le reproche était subtil, et il n'est pas certain que Donald Trump l'ait saisi, qui enchaîna sur la demande de « service », qui allait lui valoir une mise en accusation par la Chambre des représentants américaine : il demandait à Zelensky de « se pencher sur la question » du fils Biden. Enfin, Volodymyr Zelensky profita de la conversation pour faire part au président américain de sa déception envers Angela Merkel et Emmanuel Macron qui ne faisaient « pas tout ce qu'ils pourraient faire pour l'Ukraine », alors que, « logiquement, l'Union européenne devrait être sa plus grande partenaire ».

Depuis le 24 février 2022, mes étudiants connaissaient tous le nom du président ukrainien et n'évoquaient plus sa profession d'acteur, sauf pour analyser son art de la communication. Ils avaient aussi entendu parler de tentatives d'assassinat le concernant, par le groupe paramilitaire Wagner, par des Tchétchènes envoyés par Ramzan Kadyrov ou encore par les bombes visant son bureau de Kiev. Sa famille était elle aussi menacée.

La crainte du meurtre de Zelensky n'avait rien de saugrenu. Il y avait déjà eu plusieurs assassinats politiques dans le quartier du Kremlin. Ainsi, le 27 février 2015, vers vingt-trois heures trente, l'avocat et ancien vice-Premier ministre Boris Nemtsov fut abattu de six balles dans le dos. Bon orateur, il était réputé pour son sérieux et sa volonté de lutter contre la corruption. Au moment de sa mort, il préparait un rapport sur Vladimir

Poutine et la guerre[58]. Deux jours plus tard, il devait participer à une grande manifestation pour demander « l'arrêt immédiat de la guerre avec l'Ukraine » et « exiger que Poutine cesse son agression »[59]. Le corps de Nemtsov resta sur le trottoir de longues heures. La police avait laissé son tee-shirt largement relevé, prétendument pour compter les impacts de balle. Personne ne lui recouvrit le visage ni ne lui ferma les yeux. Les forces de sécurité, d'habitude si pointilleuses autour de la place Rouge, laissèrent les photographes mitrailler son cadavre. Les clichés, crus, dégradants, furent ensuite abondamment partagés sur les réseaux sociaux. Voilà pour l'exemple.

Le jeudi 29 juin 2017, cinq membres des forces de sécurité de Ramzan Kadyrov, le dirigeant tchétchène, furent condamnés pour l'assassinat de Boris Nemtsov. Aucune motivation politique ne put être établie à partir de leurs aveux, qu'ils dirent avoir faits sous la torture ; aucune motivation personnelle non plus. Les juges statuèrent que Boris Nemtsov avait été la victime malchanceuse d'un crime crapuleux, qui avait pour seule particularité d'avoir été bien préparé. Personne ne fut dupe. Et ce d'autant moins que la photo du corps de Nemtsov ne fut pas la seule à être partagée largement sur Internet : le rapport que la victime écrivait sur Poutine et la guerre eut aussi une diffusion inespérée hors de Russie.

Voilà pourquoi certains de mes étudiants imaginaient que tuer Poutine sauverait peut-être le président Zelensky et sa famille. Beaucoup d'autres victimes seraient ainsi évitées, me disaient-ils. Et cela devait certainement pouvoir se justifier en droit. Je leur répondais systématiquement que le droit à la légitime défense détenu par l'Ukraine depuis l'invasion russe[60] devait respecter les grands principes du droit international, dont l'interdiction d'attenter à la vie des dirigeants d'un autre État[61]. Juridiquement, rien ne pourrait légitimer l'élimination physique du président russe.

Certes, à l'époque du Tribunal militaire de Nuremberg, douze peines de mort avaient été prononcées. Et, si la législation russe continuait à prévoir cette peine[62], le pays était devenu abolitionniste dès 1997[63]. Pour sa part, l'Ukraine avait aboli la peine capitale le 22 février 2000, après que la Cour constitutionnelle eut considéré qu'elle était contraire à la Constitution[64]. Par ailleurs, la Cour européenne des droits de l'homme (CEDH*) avait statué que « la peine de mort n'était plus acceptable[65] » sur le continent européen, y compris en temps de guerre[66].

Pour les Européens, commander l'élimination du président russe depuis l'étranger, qui plus est sans procès, aurait donc été contraire à leur refus de la peine de mort. Moralement condamnable, politiquement contre-productif – car cela aurait pu faire de Poutine un martyr –, un tel assassinat aurait aussi été antidémocratique. Comploter pour tuer Poutine serait indigne des démocrates européens, expliqua l'historien britannique Max Hastings, le 23 mars 2022. Les démocraties, ajouta-t-il, s'abaissent toujours quand elles recourent au meurtre, même lorsqu'il s'agit de tuer un monstre[67].

La plupart des États du monde refusent même d'offrir l'asile au meurtrier d'un chef d'État, quels que soient les crimes dont ce dernier s'est rendu coupable. En droit français, cela relève de ce que l'on appelle la « clause belge », par référence à des événements quasi romanesques qui se sont déroulés en 1854.

Jules Jacquin, un industriel français, propriétaire d'une fabrique de métiers à tisser en Belgique, et son contremaître, Célestin Jacquin – qui, par hasard, portait le même patronyme que lui –, décidèrent de tuer Napoléon III. Mais leur plan échoua : un cantonnier découvrit la charge explosive que les deux pieds nickelés s'étaient procurée pour détruire le train impérial. Très vite, Jules, dont les qualités de chimiste étaient connues, fut soupçonné d'avoir fabriqué la bombe, et l'enquête ne tarda pas à découvrir la complicité de Célestin. Rappelant qu'elle n'extradait pas les personnes accusées d'infraction politique, la Belgique refusa de remettre les suspects à la France, qui souhaitait naturellement juger ceux qui avaient cherché à attenter à la vie de son empereur. Le fait que l'usine de Jules avait un poids économique important en Belgique ne fut peut-être pas étranger à cette décision qui plaça le royaume dans une position diplomatique difficile. Si bien que le 22 mars 1856 les parlementaires belges adoptèrent une nouvelle loi pour exclure l'« attentat contre la personne du chef d'un gouvernement étranger ou des membres de sa famille » de la catégorie des infractions politiques, afin de permettre à l'avenir l'extradition de leurs auteurs. Dans les années 1970, lorsque la lutte contre le terrorisme devint une priorité, de nombreuses conventions reprirent cette formulation, en particulier en Europe[68]. Ainsi naquit la « clause belge », qui renforça encore la protection des chefs d'État contre l'assassinat ciblé.

Mais qu'adviendrait-il si Vladimir Poutine n'était pas assassiné pour mettre fin à la guerre, mais uniquement par vengeance personnelle ? « Pas de vengeance, une justice[69] », aurait pu répondre Delphin Debenest, l'avocat général dans la délégation française au TMI de Nuremberg[70]. Ce magistrat, ancien résistant, avait pourtant bien des raisons de vouloir se venger du mal qui lui avait été fait lors de sa déportation à Buchenwald, mais il croyait au droit qui repose précisément sur un double refus. D'une part, le refus de la vengeance et de la justice privée : nul ne peut se faire justice soi-même. D'autre part, le refus de l'arbitraire : il ne doit pas y avoir de condamnation sans preuves, sans lois, sans jugement, ou en cas de doute. La vengeance empêche d'établir les faits, d'entendre les témoins, d'examiner les preuves, d'écouter les accusés, de reconnaître le préjudice des victimes, de sanctionner les coupables et de construire le plus objectivement possible la mémoire des faits.

Dans le cas de différends entre pays, le recours aux armes et aux représailles est fréquent, mais la création d'organisations et de juridictions internationales depuis 1945 vise à l'empêcher et à transposer dans les relations internationales ce qui s'applique dans les États de droit. Ainsi, notamment, un pays ne peut pas utiliser la force militaire contre un autre, sauf dans des cas soigneusement définis. En cas d'agression, non seulement l'État assaillant doit en répondre, mais désormais ses dirigeants en sont aussi responsables. Si un État fait assassiner un chef d'État étranger sur son territoire, il use de la force, ce qui, par principe, est contraire au droit international. En outre, de nombreux exemples à travers l'histoire, passée comme récente, montrent que la mort d'un tyran est loin de toujours suffire à mettre fin au règne de la violence qu'il a pu instituer. Au contraire.

Lorsque j'étais enfant, entre deux histoires de Baba Yaga la sorcière ou de Vassilissa la belle, ma mère me racontait souvent la chute de Denys l'Ancien. Après la mort du tyran, Cicéron croisa une femme en larmes. « Pourquoi pleures-tu, alors qu'un dirigeant cruel vient de mourir ? lui demanda-t-il. Tu devrais plutôt te réjouir ! – Je pleure, parce que je sais que les successeurs des tyrans font toujours pire. »

Pourquoi le successeur de Vladimir Poutine ne poursuivrait-il pas les hostilités ? Et comment pourrions-nous être certains qu'il ne ferait pas encore pire que son prédécesseur ?

Et, en effet, au printemps 2022, au-delà même des principes de la morale, nul n'ignorait que la disparition du président russe ne garantirait en rien la fin de l'agression et le retour de la paix en Ukraine.

2.

Le crime

« Quand les Allemands sont entrés dans Kiev, un soldat a vu une femme avec deux petits enfants accrochés à elle. Il a tué le premier enfant. Il a tué le second enfant. La mère a pris sur sa poitrine les deux enfants morts, et elle a commencé à danser. Comment raconter cela[1] ? »

Élie Wiesel lors du procès Barbie,
Palais de justice de Lyon,
séance du 2 juin 1987.

« Le crime d'agression est celui qui mène directement à la grande table, c'est-à-dire aux leaders. »

Philippe Sands, France Culture,
12 septembre 2022.

Boutcha, 18 février-8 avril 2022

Quand je mourrai, enterrez-moi
En dressant ma tombe
Au cœur des steppes infinies
De ma chère Ukraine.

Pour que je voie les champs immenses,
Le Dniepr et ses falaises
Et pour que je puisse entendre
Son grondement puissant.

Taras Chevtchenko, *Le Testament*, 1921[2].

Oksana portait le même prénom que la muse de Taras Chevtchenko, le grand poète ukrainien. Si la France connaissait désormais ce prénom, c'était grâce à deux journalistes de *Paris Match*, Patrick Chauvel et Florent Marcie, qui avaient publié l'histoire de la jeune femme et des images de son corps mutilé[3]. Images insoutenables qui donnent à voir la réalité d'un crime international.

Diplômée de sociologie, Oksana avait une petite fille de cinq ans. Après son divorce, elle avait trouvé un bon travail à Kiev. Ses parents s'occupaient beaucoup de la petite. Une semaine avant le début de la guerre, elle s'était rendue à Boutcha. Début mars, les hommes de la soixante-quatrième brigade de fusiliers motorisés de l'armée russe entrèrent à Boutcha, et les crimes de masse commencèrent… Le 15 mars, la mère d'Oksana posta un avis de recherche sur Facebook[4] : son mari et elle n'avaient plus de nouvelles de leur fille.

Moscou, 8 février-20 février 2022

Maskirovka… ou l'art militaire de la dissimulation préalable destinée à provoquer la sidération de ceux que l'on attaque. Les semaines précédentes, la rumeur grandissait d'une invasion, dans le prolongement de celle de 2014, qui serait peut-être pire. Le 17 février, cette rumeur fit même l'objet d'une intervention de la part du secrétaire d'État américain Antony Blinken, lors d'une réunion du Conseil de sécurité des Nations unies sur l'Ukraine. Le même jour, au siège de l'OTAN, le ministre britannique de la Défense avait mis en garde Vladimir Poutine contre l'erreur stratégique qu'il était sur le point de commettre. « Je pense qu'il est vraiment important qu'il comprenne que l'OTAN est totalement unie sur ce point », avait-il déclaré. Mais la Russie démentit, comme elle l'avait fait depuis le début du mois de février, accusant même l'Occident d'hystérie : elle n'avait aucunement l'intention de faire à nouveau la guerre à l'Ukraine.

Maskirovka… Le président russe s'était déjà comporté de cette façon en 2014, lorsqu'il avait entrepris de conquérir une partie du territoire ukrainien. Son acharnement à démentir l'imminence d'une nouvelle guerre en 2022 me rassurait un peu. Mais le doute persistait.

Maskirovka... Le 20 février, Poutine, impassible, annonça la guerre comme il aurait donné les dernières prévisions de la croissance économique. Les premiers bombardements, les premières jambes arrachées, les civils qui hurlaient, ces parents qui couraient à l'hôpital en suppliant, un petit corps inerte dans les bras, les premières écoles détruites, les premières aires de jeux aussi... Partout dans le monde on regardait, sidéré, les vidéos d'Ukraine ; les gorges se serraient pour des inconnus.

BOUTCHA, 22 FÉVRIER-8 AVRIL 2022[5]

Puis, dans la grande famille,
La famille libre et nouvelle,
N'oubliez pas de m'évoquer
À voix basse, tendrement.

Enterrez-moi. Mais vous – Debout !
Brisez vos chaînes
Et abreuvez la Liberté
Du sang des ennemis.

Taras Chevtchenko, *Le Testament*, 1921[6].

La dernière fois qu'Oksana avait été vue, c'était le 10 mars, sur la place Chevtchenko, à Boutcha. Ses parents étaient très inquiets. On pouvait craindre le pire pour une jeune Ukrainienne disparue dans une ville attaquée par les Russes.

Quand la petite ville fut reprise par l'armée ukrainienne, le 1er avril, des photos de corps commencèrent à être publiées : on dénombrait d'emblée plusieurs centaines de victimes. Le 7 avril, Oksana fut retrouvée morte dans un sous-sol, défigurée par les balles, son corps nu, mutilé et outragé, dans un manteau de fourrure. Seule sa mère parvint à l'identifier.

Vladimir Poutine gratifia du titre honorifique de « garde » chacun des hommes de la soixante-quatrième brigade de fusiliers motorisés à leur retour de Boutcha.

Lorsque le corps d'Oksana fut découvert, cela faisait un peu plus d'un mois que le procureur de la CPI avait ouvert une enquête sur l'ensemble des allégations de crimes de guerre, crimes contre l'humanité et crimes de génocide commis par quiconque sur quelque partie du territoire ukrainien que ce soit, depuis le 21 novembre 2013[7]. Quatre jours plus tard, Joe Biden qualifia Vladimir Poutine de dictateur coupable de « déclarer la guerre et de commettre un génocide à l'autre bout du monde ». Autrement dit, le président américain accusait le président russe de crime d'agression et de crime de génocide.

Moscou, 30 septembre 2022

Dans les années 2000, Vladimir Poutine tenait un double discours. D'un côté, il « chargeait l'Occident et sa politique humanitaire[8] » ; mais, de l'autre, il disait de la Russie qu'elle était un « pays européen, avant tout dans sa manière de penser, sa mentalité et sa culture[9] ». Vingt ans plus tard, si la critique à l'égard de l'Occident n'avait fait que s'accentuer[10], les revendications d'européanité de la Russie avaient en revanche totalement disparu, comme en témoigne l'allocution qu'il prononça le 30 septembre 2022 : « De tous les côtés, on n'entend que : "L'Occident incarne l'État de droit, fondé sur des règles." D'où viennent-elles ? Qui en a jamais vu la couleur ? Qui y a consenti ? [...] La Russie est une grande puissance millénaire, un pays-civilisation qui ne vivra jamais sous le joug de ces règles truquées, faussées [...]. »

Vladimir Poutine feignait d'ignorer le rôle majeur joué par la Russie aux côtés d'autres puissances occidentales dans la construction du droit international. Trois hommes incarnent tout particulièrement ce rôle.

D'abord, le tsar Nicolas II qui, en 1899, par l'intermédiaire de son ministre des Affaires étrangères Mikhaïl Mouraviov, prit l'initiative de réunir des représentants de tous les pays, au sein de la

Conférence internationale de la paix, pour réfléchir collectivement « aux lois et coutumes de la guerre sur terre[11] ». Ensuite, le juriste Frédéric de Martens (1845-1909), qui prononça une déclaration si juste lors de cette Conférence que les participants décidèrent de l'intégrer, sous forme de clause, au traité qui résulta de leurs discussions. La célèbre clause de Martens – d'origine russe donc – constatait, « en attendant qu'un code plus complet des lois de la guerre puisse être édicté », que les populations civiles et les combattants devaient être protégés par des principes juridiques du droit des gens[12], « tels qu'ils résultent des usages établis entre nations civilisées, des lois de l'humanité et des exigences de la conscience publique ». Cette clause inspira ensuite les participants de la Conférence de la paix de Paris en 1919, lorsqu'ils envisagèrent de faire comparaître devant un tribunal international les principaux accusés de crimes commis pendant la Première Guerre mondiale, en particulier les Ottomans responsables de crimes contre la population arménienne[13]. Enfin, le juriste Aron Trainin, grâce à qui l'agression devint un crime.

En 1945, la Russie élabora avec les États-Unis, le Royaume-Uni et la France l'accord de Londres portant statut de Nuremberg, qui prévoyait qu'un tribunal international spécial traduirait en justice les « grands criminels, dont les crimes sont sans localisation géographique précise ». Cet accord fut rédigé en trois langues : l'anglais, le français et le russe. Le juriste soviétique, Aron Trainin, convainquit les trois autres pays d'introduire dans cet accord le « crime contre la paix », l'ancêtre du crime d'agression, au nombre des infractions pouvant être poursuivies par le futur tribunal[14]. Les représentants français furent les seuls à se montrer réticents à la proposition russe, mais ils finirent par s'incliner devant la majorité[15].

La Russie a donc pleinement œuvré aux côtés de l'Occident pour soumettre la guerre aux lois de l'humanité et aux exigences de la conscience publique.

Un livre explique beaucoup mieux que je ne le fais ici comment le procès de Nuremberg, malgré « son parfum indéniable de justice des vainqueurs », avait enfin affirmé juridiquement le principe de la « responsabilité pénale individuelle pour les crimes internationaux » et donné une « impulsion très forte au mouvement des droits de l'homme alors en gestation »[16]. Cet ouvrage est *Retour à Lemberg* de Philippe Sands. Il permet de comprendre le droit international pénal sur l'interdiction des crimes considérés comme les plus graves, en raison de leur caractère inhumain, et parce qu'ils menacent la paix mondiale. Mais ce rempart contre la barbarie que constitue le droit international pénal est fragile.

Une autre phrase pouvait surprendre dans le discours de Vladimir Poutine du 30 septembre 2022 :

« [Les Occidentaux] voient notre pensée et notre philosophie comme une menace directe : c'est pourquoi ils s'en prennent à nos philosophes. »

Si cette affirmation avait de quoi étonner, c'est que les philosophes russes font partie de la culture européenne tout comme d'ailleurs les philosophes européens font partie de la culture russe. En ce qui concerne le droit pénal, nombre d'auteurs russes ont été particulièrement influencés par les ouvrages de Montesquieu et par *Des délits et des peines* du juriste italien Cesare Beccaria. Écrit en 1764, traduit en russe deux ans plus tard, ce dernier ouvrage inspira jusqu'à la Grande Catherine, bien qu'elle en eût, semble-t-il, préalablement interdit la lecture à ses sujets[17]. En 1767, l'impératrice était déjà reconnue comme une souveraine éclairée lorsqu'elle rédigea ses instructions *(Nakaz)* à la Grande commission législative, chargée de moderniser le code des lois du tsar Alexis. Ce texte fut jugé tellement séditieux en France que Louis XV l'interdit. Entre autres progrès, Catherine y dénonçait la torture et la peine de mort[18] – à l'instar de sa prédécesseuse, l'impératrice Élisabeth, qui, en 1744, avait décidé de ne jamais recourir à cette peine[19]. À l'exception de cette interdiction de la peine de mort, les instructions de Catherine ne furent pas appliquées à la procédure judiciaire russe, du moins jusqu'en 1864. Quant au servage, qui allait à l'encontre des principes invoqués par la souveraine, il ne fut pas non plus aboli. Toutefois, au cours du XIXe siècle, les philosophies du droit russes et du reste de l'Europe s'influencèrent mutuellement et ne cessèrent d'exprimer un même rejet de la justice arbitraire et des sanctions inhumaines.

En 2022, ce ne sont évidemment pas ces auteurs que cite Vladimir Poutine[20]. Faisant fi de cette culture et de cette pensée communes à la Russie et à l'Europe, il s'ingénie à convaincre ses concitoyens que la justice et l'humanisme sont des valeurs strictement occidentales que ne saurait donc partager la culture russe, qui se définirait depuis toujours par la supériorité de la force sur le droit.

En 2022, les États occidentaux essayèrent de convaincre Vladimir Poutine de ne pas attaquer de nouveau l'Ukraine, non pas par des diktats, mais par la négociation. Le 8 février, le président français Emmanuel Macron se déplaça jusqu'à Moscou pour tenter de raisonner son homologue russe. Installé à une extrémité d'une table de six mètres de long, Vladimir Poutine fit asseoir Emmanuel Macron à l'autre extrémité, par souci, officiellement, d'éviter toute contagion au virus Covid-19. Pendant ce temps, les États-Unis essayaient d'alerter leurs alliés sur l'imminence de l'attaque.

Moscou, 24 février 2022

Le 24 février 2022, à 5 h 48, Vladimir Poutine annonça une « opération militaire spéciale ». Toutes les grandes villes d'Ukraine furent attaquées.

Le crime d'agression figure dans les codes pénaux de la Fédération de Russie[21], de la Biélorussie[22] et de l'Ukraine[23]. Difficile donc pour le président russe de soutenir qu'il n'avait pas connaissance de ce crime que les juristes russes avaient par le passé largement contribué à définir, ou que le droit russe ne dispose pas des bases légales pour réprimer ce type d'acte. Difficile aussi de prétendre que les poursuites qui furent très vite envisagées contre lui n'avaient aucun fondement légal.

Rapidement, après le début de la guerre, la création d'un tribunal spécial pour juger Poutine fut en effet proposée par de nombreux juristes internationaux. La compétence de ce futur tribunal spécial avait déjà un fondement juridique : à Nuremberg, la compétence du TMI était fondée sur le droit allemand, celle du Tribunal spécial pour la Sierra Leone sur le droit de la Sierra Leone, celle des Chambres extraordinaires au sein des tribunaux cambodgiens sur le droit cambodgien. La compétence du futur tribunal spécial pour l'Ukraine pourrait donc être fondée sur le droit ukrainien conjugué au droit international. Cela n'irait à l'encontre ni du droit russe, ni du principe *nullum crimen sine lege* (« pas de crime sans loi »).

Comme l'explique le professeur de droit Serge Sur, « contrairement à ce que l'on pourrait croire, les États n'ignorent pas le droit international et détestent être accusés de le violer : c'est dire qu'ils se préoccupent tous de l'argumentation juridique qui peut, le cas échéant, justifier l'emploi de la force[24] ». En effet, Vladimir Poutine s'évertua à justifier cette nouvelle agression contre l'Ukraine par des arguments de droit international, n'hésitant pas à contredire intégralement ceux qu'il avançait en 2003 pour dénoncer la guerre en Irak.

Et c'est donc bien en âme et conscience que les dirigeants de la Fédération de Russie, aidés par ceux de la Biélorussie, choisirent de se placer du côté des hors-la-loi.

Malheureusement, il arrive bien souvent que ce soient des hors-la-loi qui gagnent les duels et que la force l'emporte sur le droit.

TRIBUNE PARUE DANS *LE MONDE*, 4 MARS 2022

« Le recours à la force par Poutine est un crime d'agression »

L'offensive lancée par Vladimir Poutine contre l'Ukraine met gravement en péril l'ordre international de l'après-1945.

Le président russe a bafoué les principes de la primauté du droit et de l'autodétermination des peuples au profit du recours à la force. La communauté internationale doit prendre conscience qu'il a fomenté un acte d'agression et donné l'ordre de commettre des atrocités, et faire en sorte qu'il ait à répondre de ses actes.

Le droit international offre un certain nombre d'instruments pour les obliger, lui et son régime, à répondre de leurs actes. L'Ukraine a saisi, le 27 février, la CIJ de La Haye.

Un motif peu commun

Elle fonde sa requête contre la Russie sur un motif peu commun : Moscou a faussement affirmé que des actes de génocide avaient été commis contre les populations d'origine russe du Donbass et a lancé une opération militaire contre l'Ukraine sur le fondement de ces allégations. Kiev y voit une utilisation abusive de la Convention sur le génocide. La cour tiendra des audiences le 7 et 8 mars sur la demande de mesures conservatoires présentée par l'Ukraine.

La Cour européenne des droits de l'homme de Strasbourg s'est aussi saisie du cas de la Russie. Le 25 février, le Conseil de l'Europe a suspendu la Russie de sa participation à son Comité des Ministres et à son Assemblée parlementaire. Moscou reste toutefois membre du Conseil de l'Europe et partie à ses conventions, notamment la Convention européenne des droits de l'homme, et peut donc avoir à répondre de ses actes en cas de violation des droits de l'homme.*

Cela peut se produire si, après avoir épuisé les recours devant les instances nationales, un ressortissant ukrainien ou toute autre personne victime d'une violation de la Convention saisit la Cour européenne des droits de l'homme ou bien si l'un des États membres du Conseil de l'Europe (agissant seul ou collectivement) introduit une requête contre un autre État partie à la Convention. Le 1er mars, la Cour européenne a indiqué des mesures provisoires à la Russie à la suite d'une requête du gouvernement ukrainien.

La CPI de La Haye, qui enquête déjà sur les crimes commis durant la guerre entre la Russie et la Géorgie en 2008 et en Crimée en 2014, estime qu'il y a matière à enquêter sur la situation en Ukraine. Le 28 février, le procureur a déclaré qu'il pourrait ouvrir plus rapidement une enquête si un État membre de la CPI lui en faisait la demande : trente-neuf pays, dont la France, l'ont fait cette semaine.

Un concept qui remonte à 1945

Le procureur a annoncé, le 2 mars, qu'il recueillait des preuves de crimes de guerre et de crimes contre l'humanité commis sur le territoire de l'Ukraine. Nous soutenons son enquête et exprimons notre gratitude aux très nombreux pays qui ont répondu à son appel, preuve que la situation en Ukraine préoccupe la communauté internationale au plus haut point.

La CPI est compétente pour juger les crimes de génocide, les crimes de guerre et crimes contre l'humanité perpétrés en Ukraine, mais ne l'est pas pour le crime d'agression commis par des ressortissants d'un État qui n'a pas ratifié le statut de Rome instituant la CPI, ce qui est le cas de la Russie [La Russie a signé le statut de Rome en 2000, mais a retiré sa signature en 2016].

Le concept actuel de crime d'agression remonte à l'été 1945. C'est en bonne partie grâce à un juriste soviétique, Aron Trainin, que ce qu'on appelait alors les « crimes contre la paix », c'est-à-dire la direction, la préparation, le déclenchement ou la poursuite d'une guerre d'agression, est entré dans le droit international.

Comme le souligne l'historienne Francine Hirsch dans son ouvrage *Soviet Judgment at Nuremberg*, ce sont en grande partie les idées de Trainin qui ont persuadé les Américains, les Britanniques et les Français de faire figurer la notion de crime contre la paix dans le statut de Nuremberg et dans les actes d'accusation contre les accusés allemands. Notons au passage que le crime d'agression figure, dans une acception très vaste, dans le code pénal de la Fédération de Russie et dans celui de l'Ukraine. Il fait aussi partie des infractions internationales.

Solidarité

Il nous semble indispensable de compléter les actions en cours devant la CPI, la CIJ et la Cour européenne des droits de l'homme, et de combler la lacune concernant le crime d'agression. Il s'agit d'un crime dont M. Poutine et ses plus proches col-

laborateurs peuvent être jugés individuellement responsables, puisqu'ils mènent une guerre qui est absolument injustifiable au regard du droit international. Elle n'a pas été autorisée par le Conseil de sécurité des Nations unies. Elle ne relève pas de l'exercice de la légitime défense. Elle est tout le contraire d'une intervention humanitaire.

Cette semaine, nous avons eu le privilège de travailler avec le ministre ukrainien des Affaires étrangères, Dmytro Kouleba, et ses collaborateurs à Kiev, Lviv et ailleurs dans le pays. L'Ukraine propose d'instaurer un tribunal pénal spécial consacré au crime d'agression commis contre l'Ukraine, un crime sur lequel aucun des trois autres tribunaux internationaux n'a compétence.

Le tribunal spécial pour la répression du crime d'agression à l'encontre de l'Ukraine peut être mis en place rapidement. En 1942, en pleine Seconde Guerre mondiale, les représentants de plusieurs pays alliés s'étaient retrouvés à Londres, à l'initiative de Charles de Gaulle, pour rédiger une résolution novatrice sur les crimes de guerre allemands, qui allait aboutir, à la fin du conflit, à la création d'un tribunal militaire international et au procès de Nuremberg.

Pour aider à déjouer les tentatives odieuses de destruction de la paix en Europe entreprises par le président Poutine – car c'est de cela qu'il s'agit –, le moment est venu pour nous de créer ce tribunal spécial. C'est une façon de nous montrer solidaires de l'Ukraine et de son peuple, et d'affirmer que nous ne tolérerons pas le crime d'agression sur le sol européen.

Fonds, conseils et soutien

Nous estimons indispensable de ne ménager aucun effort pour que les personnes les plus directement responsables des terribles souffrances endurées par des millions de personnes en Ukraine aient à répondre de leurs actes. Nous devons faire tout ce qui est en notre pouvoir pour mettre un terme aux terribles événements auxquels nous assistons actuellement, pour faire en sorte qu'un jour justice soit faite.

Nous savons que la justice ne règle pas tout mais nous savons aussi qu'elle peut galvaniser les énergies et donner de l'espoir dans les moments les plus sombres. Le tribunal spécial doit être instauré sur les principes qui guidaient les Alliés en 1942 pour enquêter sur les crimes commis par des individus agissant en Ukraine au nom de la Russie.

L'Ukraine lance un appel à tous les pays d'Europe pour qu'ils acceptent d'accorder la compétence résultant des codes pénaux et du droit international à un tribunal pénal spécial ad hoc. *Le tribunal spécial doit être habilité à poursuivre et à juger les principaux auteurs du crime d'agression et tous ceux qui ont joué un rôle matériel dans son exécution, notamment ceux qui fournissent les fonds, les conseils juridiques et le soutien opérationnel.*

La déclaration proposée par l'Ukraine a été conçue comme une initiative européenne, mais nous invitons instamment toutes les personnes et tous les États qui se sentent capables de la soutenir à le faire. Cette initiative est synonyme de solidarité avec le peuple ukrainien et d'espoir en un monde régi par le droit[25].

Cette tribune a été rédigée par Gordon Brown, qui fut Premier Ministre du Royaume-Uni de 2007 à 2010, et par Philippe Sands, qui est un juriste franco-britannique spécialiste du droit international.

II.

HORS-LA-LOI

Qui poursuivre pour crime d'agression contre l'Ukraine ?
Aurait-il été possible pour ses subordonnés de désobéir aux ordres du président russe lorsqu'il avait décidé de déclarer la guerre ?

1.

Les accusés

> « Nous sommes tous les deux des co-agresseurs, les personnes les plus nuisibles et les plus toxiques de cette planète.
> Nous n'avons qu'un seul différend : qui est le plus grand ? C'est tout[1]. »
>
> Alexander Loukachenko à propos de Vladimir Poutine, 27 décembre 2022.

Du jugement de quelques hors-la-loi de triste mémoire

Mettre en accusation des chefs d'État pour crimes internationaux, c'est prendre le risque de se heurter à un redoutable adversaire : le temps. Ces accusés un peu particuliers le savent bien et font tout pour ralentir les procédures.

Les chefs d'État qui comparaissent devant une juridiction internationale ont généralement les mêmes réactions. Il y a ceux qui, à un moment du procès, regardent longuement leur montre comme s'ils s'ennuyaient et qu'ils eussent autre chose à faire que retourner dans la cellule où ils sont retenus prisonniers. Il y a aussi ceux qui refusent de comparaître et annoncent qu'ils resteront en prison pendant les débats. Il y a, enfin, ceux qui récusent leurs avocats ou veulent assurer leur défense seuls, un moyen efficace (du moins le pensent-ils) de politiser un événement pourtant entièrement dédié au droit.

Le 3 juillet 2001, un homme aux cheveux blancs, se levait du banc des accusés du Tribunal pénal international pour l'ex-Yougoslavie et regardait ostensiblement sa montre. Il venait de contester la légalité de ce tribunal qu'il avait pourtant lui-même reconnu en 1995 avec les accords de Dayton qui avaient mis fin à la guerre en Bosnie. L'ancien président Slobodan Milosevic venait également de refuser de prendre connaissance de son acte d'accusation concernant la mort de plus de neuf cents Albanais du Kosovo, un acte qui serait suivi de ceux portant sur les morts de Bosnie et de Croatie. La stratégie de Milosevic – allonger le plus possible les débats – fut dans un certain sens payante : il mourut avant que le verdict ne soit rendu. Pour lui, le temps du procès avait été trop long.

Peut-être s'était-il inspiré en cela d'un autre chef d'État, Nicolae Ceauşescu, qui, lors du procès qui allait aboutir à sa condamnation à mort, le 20 décembre 1989, avait lui aussi longuement regardé sa montre, avec un léger sourire, en homme pressé qui avait bien mieux à faire que d'être traduit devant une juridiction dont il ne reconnaissait pas la validité. Contestant la légitimité de ses juges, il refusa de leur répondre. À un moment, l'ancien chef d'État n'y tint plus et explosa : « Personne ne reconnaît ce tribunal. C'est pour cela que le peuple lutte dans le pays, et il luttera jusqu'à l'élimination des traîtres que vous êtes. » Mais, dans le cas de Ceauşescu, contrairement à celui de Milosevic, il était difficile, du strict point de vue juridique, de lui donner tort : son procès, tout comme le tribunal militaire d'exception devant lequel il comparaissait avec son épouse, violait un grand nombre de principes applicables dans un État de droit, du moins si l'on en croit le film du procès qui en a été fait – les débats n'ayant pas été ouverts au public. Et, pour Ceauşescu, le temps du procès fut trop expéditif.

Le 15 octobre 1998, Augusto Pinochet, général-sénateur du Chili à vie, se trouvait en Angleterre pour raisons médicales. La justice internationale ne lui inspirait aucune inquiétude : il avait été chef d'État, et les chefs d'État ne sont pas inquiétés à l'étranger. Le fait que la Convention internationale sur la torture de 1984 obligeait les pays signataires, dont l'Angleterre, à extrader ou à juger eux-mêmes les auteurs de tels faits n'était certainement qu'un simple détail à ses yeux[2]. Et, bien qu'une action pénale eût été ouverte contre lui en 1996 par l'Audience nationale[3] en Espagne, il comptait probablement sur son immunité pour échapper à un mandat d'arrêt. Il ne se doutait pas que c'était le tout dernier jour qu'il vivrait sans ressentir la peur. En effet, un tireur embusqué s'apprêtait à utiliser le droit pour le faire juger : son nom était Joan Garcés.

Comme le note Brigitte Stern[4], professeure de droit international, cet avocat espagnol avait vécu le sanglant coup d'État au Chili, le 11 septembre 1973, aux côtés du président Salvador Allende, dont le gouvernement fut renversé par une junte militaire menée par Augusto Pinochet. Dès lors, Joan Garcés avait consacré sa vie à « rendre leur dignité aux victimes de la dictature ». Mais il lui avait fallu attendre « vingt-sept ans avant de voir ses efforts aboutir ».

Un deuxième tireur embusqué rejoignit très vite l'avocat espagnol. C'était le juge d'instruction Baltasar Garzón, qui accepta de lancer un mandat d'arrêt contre Pinochet. Le juge chilien Juan Guzmán Tapia lui emboîta le pas.

Le 16 octobre 1998, Augusto Pinochet fut arrêté dans la luxueuse clinique londonienne où il se trouvait. Il apprit alors que l'Espagne demandait son extradition. Le 24 mars 1999, la Chambre des lords considéra que la Convention contre la torture, ratifiée aussi bien par le Chili que par l'Espagne et le Royaume-Uni, permettait qu'un ancien chef d'État accusé de torture dans le cadre de ses fonctions soit extradé.

Pourtant, Augusto Pinochet ne fut jamais remis à l'Espagne et, en mars 2000, il finit par retourner au Chili à bord d'un avion médicalisé, car il était considéré comme trop âgé et diminué pour être jugé. Le principe de l'immunité de juridiction des chefs d'État fut réaffirmé à plusieurs reprises. L'absence de condamnation de Pinochet fut particulièrement douloureuse pour les familles des victimes. Pour Pinochet, on avait considéré que le temps du procès était passé.

Cependant, malgré l'absence de condamnation du dictateur, cette affaire Pinochet constitua une étape décisive pour la justice internationale. Dès le 6 mars 2000, le juge Juan Guzmán Tapia réclama la levée de l'immunité de Pinochet. « Un ancien dictateur n'est plus à l'abri derrière ses immunités, l'impunité ne lui est plus garantie », nota Brigitte Stern[5]. Désormais, un haut responsable politique, auteur de crimes internationaux, pouvait craindre la justice.

Le 1er août 2000, la Cour suprême chilienne confirma la levée de l'immunité parlementaire d'Augusto Pinochet et lui refusa le bénéfice de l'amnistie. Dès lors, il fut inculpé et assigné à résidence, ainsi que son épouse, pour quatre délits, dont la fraude fiscale et l'utilisation de faux papiers.

Le 26 janvier 2006, sa fille Lucía essaya de s'enfuir aux États-Unis pour échapper à la justice, mais se vit refuser l'asile politique.

On ne saurait toutefois se satisfaire de ces décisions qui ne prenaient pas en compte l'ensemble des crimes de l'ancien dictateur, pas plus qu'on ne saurait trouver acceptable qu'à sa mort, le 10 décembre 2006, les honneurs militaires lui aient été rendus.

Il y eut d'autres échecs de la justice internationale ; il y eut certains procès aux règles contestables, qui n'aidèrent ni à la reconnaissance des crimes, ni à la pacification de la société. On vit parfois même, à la consternation générale, d'anciens dirigeants accusés du pire sortir, en apparence tranquilles, de leur retraite pour prononcer un discours ou assister à une cérémonie sans être inquiétés. Voilà sans doute pourquoi, en octobre 2022, lorsque j'interrogeai François Hollande sur les raisons de son absence ainsi que celle d'autres anciens dirigeants français parmi les signataires de la tribune appelant à créer un tribunal international spécial pour juger le crime d'agression de Vladimir Poutine contre l'Ukraine, il me répondit : « Ce n'est pas parce qu'un ancien dirigeant, même moi, signerait la pétition que Poutine tremblerait. Je pense qu'il faut d'abord le vaincre militairement. »

La Haye, 26 avril 2002

« Ce jour-là, j'étais chez moi, dans ma maison, avec mes deux enfants, qui ont survécu ; et je me rappelle très clairement avoir entendu la voix de ma belle-mère disant : "Comment as-tu pu tuer mon fils[6] ?" »

Aferdita Hajrizi témoignait devant les juges du TPIY. Elle était très digne, dans sa veste certainement taillée sur mesure, avec ses cheveux courts et ses boucles d'oreilles dorées. De temps à autre, ses yeux s'attardaient dans le vide, mais elle continuait à raconter.

L'ancien président Milosevic tapota la table pendant quelques secondes, puis avança sa chaise pour changer de position.

Le matin de la première audience, il avait étouffé un sanglot en entrant dans la salle. Cela n'avait duré que quelques secondes, le temps que le policier qui le tenait fermement par le bras le conduise au box des accusés. Il s'était très vite repris : d'une voix assurée, il avait contesté la compétence du tribunal, qu'il accusait de n'avoir pour fonction que de couvrir les crimes de l'OTAN, et il avait refusé de dire s'il plaidait coupable ou non coupable.

Depuis, les journées s'étaient succédé sans qu'il sorte d'une apparente indifférence. La voix d'Aferdita semblait ne pas l'atteindre. Il réajusta son siège et remit ses lunettes.

« Lorsque les policiers sont entrés chez nous, c'était la nuit. Vite, je suis montée me cacher avec mes trois enfants, mais mon fils de onze ans m'a lâché la main pour rejoindre son père et sa grand-mère restés au rez-de-chaussée de la maison. J'ai essayé de le rattraper, mais les policiers arrivaient, et je devais mettre à l'abri ma fille et mon autre fils. Une fois arrivée au grenier, j'ai entendu les coups de feu, le cri de ma belle-mère. La seule chose que j'aie pu faire c'était serrer mon plus jeune enfant dans mes bras jusqu'à ce que le silence revienne. Je suis redescendue et j'ai vu les corps. Celui de mon mari, couché sur le dos, une main posée sur celui de notre enfant ; celui de ma belle-mère s'accrochant encore à son fils bien-aimé. »

La dernière phrase qu'Aferdita prononça fut atroce : « Je me rappelle l'horreur que j'ai ressentie lorsque j'ai marché dans le sang de mon fils[7]. »

Milosevic avait exigé d'interroger ou de contre-interroger lui-même les témoins. En prenant la parole pour répondre à Aferdita Hajrizi, il avait d'abord feint la compassion et la délicatesse : « Vous avez vécu des événements tragiques en perdant des êtres chers, et en conséquence je me contenterai de vous poser quelques questions brèves. » En réalité, il était clair qu'il entendait la contredire et rendre suspect son témoignage.

Mais Aferdita ne flancha pas et répondit à l'ancien dictateur d'une voix ferme qu'elle ne comptait pas le laisser déshonorer les siens après avoir causé leur mort. L'accusé se remit à tapoter la table, cette fois-ci de la main droite.

Ce jour-là, personne ne pouvait imaginer que le procès allait encore durer des années. Slobodan Milosevic est mort dans sa cellule de mort naturelle : il n'aura jamais été reconnu coupable des crimes internationaux dont on l'accusait, notamment des crimes contre l'humanité qui ont coûté la vie aux proches d'Aferdita Hajrizi, et à tant d'autres femmes, hommes et enfants.

Russie, 2022-Irak, 2003

Le président était seul. Au milieu de l'écran.

Pendant sa déclaration, Vladimir Poutine avait le visage impassible, la main gauche posée devant lui sur son bureau parfaitement vide, la droite se cramponnant à un angle. La voix était un peu étranglée, le débit légèrement saccadé. Derrière lui, selon l'usage, étaient placés deux drapeaux. À sa droite, celui de la Fédération de Russie et, à sa gauche, la bannière reconstituée du tsar Pierre le Grand de 1693, avec l'aigle à deux têtes.

Un détail cependant m'intriguait. Pourquoi le réalisateur avait-il choisi un cadre qui mettait en valeur les téléphones placés sur la gauche du président, deux appareils blancs démodés et un noir qui s'apparentait à un standard téléphonique, un peu vieillot lui aussi ? S'il était habituel de voir ces téléphones sur les photos diffusées par la présidence russe – par exemple, sur celle du 31 décembre 1999, quand Boris Eltsine avait renoncé au pouvoir au profit de Vladimir Poutine, on apercevait déjà les deux téléphones blancs à cadran, mais pas encore le noir –, il ne l'était guère de les voir montrés avec tant d'insistance dans une intervention solennelle. Ces nombreuses lignes téléphoniques signifiaient-elles que Vladimir Poutine n'était pas l'unique décideur, qu'il avait de nombreux alliés qu'il avait beaucoup consultés avant de prendre sa décision ? S'agissait-il de le faire passer pour un homme de dialogue ? Au contraire, ces téléphones symbolisaient l'inébranlable résolution de Poutine de déclencher la guerre, malgré les nombreuses tentatives des dirigeants d'autres pays pour l'en dissuader.

Vladimir Poutine n'a en effet eu de cesse de se faire valoir comme un dirigeant parfaitement sûr de lui, inflexible, hermétique à toute critique, à tout avertissement, à toute menace. Mais, ce faisant, il n'a pas non plus cessé d'engager aux yeux du monde entier sa responsabilité individuelle dans le crime d'agression contre l'Ukraine.

La tenue d'un procès permet de passer de la souffrance tue, honteuse parfois, à sa proclamation publique devant la justice[8]. Mais, lorsque la souffrance est vive et que la justice refuse de l'entendre, il faut trouver d'autres moyens de l'exprimer. C'est ce que fit un ancien soldat américain en Irak, Mike Prysner, qui décida de publier son témoignage sur les réseaux sociaux, puisque aucun tribunal ne l'avait convoqué pour raconter son histoire. Il accusait George W. Bush d'être directement responsable de la mort de ses camarades ainsi que des violences que lui-même avait été obligé de commettre. Il expliquait inlassablement que c'était la décision du président d'entrer en guerre qui était à l'origine de toutes ces horreurs.

Dans un monde idéal, tous les soldats respecteraient le *jus in bello*, le droit qui impose des limites à l'utilisation de la force armée dans un conflit. C'est hélas loin d'être le cas, surtout lorsque l'armée ne délivre pas une formation éthique et juridique solide, et que les exactions commises par les soldats sont tolérées, voire encouragées par la hiérarchie militaire. Certains soldats ne mesurent qu'après coup la portée de leurs actes et des comportements qu'ils ont adoptés. Certains en restent traumatisés, et tous s'interrogent sur leur responsabilité. Bien peu nombreux sont ceux qui ont conscience, au moment des faits, de l'illégalité des ordres qu'ils reçoivent et, parmi ceux dont c'est le cas, ils sont rares à désobéir, craignant des représailles de leur hiérarchie.

Ainsi, révélant la désinformation dans laquelle étaient volontairement maintenus les soldats américains en Irak, Mike Prysner publia un témoignage sur Facebook commençant par ces mots : « *Haji*[9] était l'ennemi. *Haji* était chaque Irakien. Il n'était pas une personne, ou un père, ou un enseignant, ou un travailleur[10]. » On avait endoctriné le jeune soldat, ainsi que tous ses camarades, pour qu'il croie aveuglément que chaque habitant de ce pays, homme, femme, enfant, était l'ennemi.

Mais, bien qu'il fût aussi amené à se comporter en criminel de guerre, Mike Prysner eut, face aux tortures infligées à un prisonnier, un regain d'humanité qui le poussa ensuite à contrevenir, à sa mesure, aux ordres : « Le détenu que l'on m'a envoyé interroger était en sous-vêtements, les mains liées dans le dos et un sac sur la tête, et je n'ai jamais vu son visage. Mon travail consistait à prendre une chaise pliante en métal et, alors qu'il était debout, face au mur, je devais frapper à côté de sa tête avec la chaise chaque fois qu'on lui posait une question. Un autre soldat criait la même question encore et encore et, quelle que soit la manière dont il répondait, je frappai à côté de sa tête avec la chaise. Nous avons fait cela jusqu'à ce que nous soyons fatigués, puis on m'a dit de m'assurer que le détenu restait debout face au mur. À ce moment-là, il était dans un état de détresse extrême – il tremblait de façon incontrôlable, il pleurait et il était couvert de sa propre urine. Je le surveillais, mais quelque chose n'allait pas avec sa jambe, il était blessé. Mon sergent m'a dit de veiller à ce qu'il reste debout. Il n'arrêtait pas de tomber, alors je devais chaque fois le ramasser et le plaquer contre le mur avec plus de force. Mon sergent est passé et, énervé de le voir à nouveau au sol, il l'a ramassé et l'a plaqué contre le mur plusieurs fois et, quand l'homme est retombé au sol, j'ai remarqué du sang qui coulait de sous le sac. Je l'ai donc laissé s'asseoir et, chaque fois que mon sergent s'approchait, j'en avertissais l'homme et lui disais de se lever[11]. C'est à ce moment-là que je me suis rendu compte que j'étais censé protéger mon unité contre ce détenu, mais que ce que je faisais, c'était protéger ce détenu contre mon unité[12]. »

En l'absence de procédure judiciaire menée à son terme, les faits que les vétérans d'Irak racontaient n'avaient pas été recoupés et les victimes n'avaient pas été identifiées. Le témoignage de Mike Prysner sur les réseaux sociaux ne pouvait donc constituer un commencement de preuve, puisqu'il n'y avait pas eu de procès. Aucun juge ne put non plus expliquer à l'ancien soldat ce dont il était coupable, ce dont il était innocent, s'il avait des circonstances atténuantes, s'il était aussi une victime. Bref, Mike Prysner ne put passer « de la douleur au droit ».

Du crime d'agression découlent toujours des meurtres, des viols, des bombardements, des actes de torture. C'est donc parce que des hauts dirigeants ont décidé d'intervenir militairement sur le territoire d'un autre État que des soldats, qu'ils soient soumis aux ordres ou livrés complaisamment à leurs pires instincts, vont ensuite assassiner, violer, bombarder, torturer.

C'est en 2015, dans le documentaire *Crimée. Retour à la patrie* de la chaîne Rossiya 1, que Vladimir Poutine reconnut publiquement pour la première fois que l'attaque de la Crimée et de Sébastopol en 2014, puis leur « annexion » territoriale à la Russie relevaient de sa décision personnelle : « Savez-vous ce qui était notre avantage ? Le fait que je m'en sois occupé personnellement. Mais il ne s'agit pas d'une lucidité extraordinaire de ma part : si les chefs d'États s'impliquent, il est plus facile pour les exécutants d'effectuer leur travail. Ils le sentent, le comprennent et se rendent compte qu'ils suivent un ordre direct, et non pas une décision arbitraire. » Dans ce même reportage, le président Poutine expliquait aussi qu'il s'était préparé à mettre en alerte le dispositif nucléaire pour s'assurer la prise des territoires qu'il convoitait. Le ton était tellement guerrier que Leonid Kravtchouk, alors président de l'Ukraine, vit dans ce film l'occasion de tester la réaction de la communauté internationale et des citoyens russes face à une éventuelle poursuite de l'agression de son pays par Poutine.

Selon la spécialiste de la Russie Tatiana Kastouéva-Jean, c'est certes le président russe qui prit les décisions concernant l'agression de 2014, mais il consulta d'abord un petit groupe de personnes de confiance. « On peut supposer la présence dans ce groupe du ministre de la Défense Sergueï Choïgou, de l'ancien chef de l'administration présidentielle Sergueï Ivanov, du directeur du Service fédéral de sécurité (FSB) Alexandre Bortnikov et du secrétaire du Conseil de sécurité Nikolaï Patrouchev[13] », développe la politologue. En 2022, le président russe avait encore des conseillers[14]. Était-il vraiment devenu le seul décideur, ou d'autres responsables politiques et militaires pouvaient-ils être susceptibles d'influencer réellement l'action politique et militaire de la Russie ? Qui était intervenu à chaque étape de l'acte d'agression ? Qui l'avait planifié, préparé, lancé ? Qui l'avait exécuté ? Qui l'avait financé ? À en croire la Constitution, le Premier ministre[15] et le ministre des Affaires étrangères étaient forcément impliqués – à moins qu'ils n'apportent la preuve du contraire.

Le 21 février 2022, dans la salle de Sainte-Catherine au Kremlin, immense amphithéâtre à colonnes blanches, Vladimir Poutine réunit son Conseil de sécurité, dont faisaient partie les personnalités politiques et militaires les plus proches de lui, tels le Premier ministre Mikhaïl Michoustine, le ministre des Affaires étrangères Sergueï Lavrov, l'ancien Président Dmitri Medvedev, ou encore le directeur du FSB, Alexandre Bortnikov. Chacun des participants avait été averti qu'il devrait aller au pupitre pour donner un avis concernant la reconnaissance des républiques autoproclamées de Lougansk et Donetsk. Exceptionnellement, ce Conseil fut diffusé, à partir de 18 h, à la télévision et sur les réseaux sociaux, alors qu'habituellement il se tient à huis clos. Une image de la montre de Sergueï Choïgou, qui indiquait environ 12 h 45, dévoila que la diffusion n'était pas en direct.

Au cours de cette séance, Vladimir Poutine s'assit seul, à bonne distance de ses plus proches collaborateurs, qui lui faisaient face. Il s'agissait pour lui de montrer à ses concitoyens et au monde entier qu'il était l'unique décisionnaire et qu'il ne se prêtait à cette réunion que pour ménager les apparences. Cela ne l'empêcha pas de rabattre sans détour l'avis, nuancé plus que divergent, de Sergueï Narychkine, le directeur des Renseignements extérieurs, selon lequel « l'on pourrait donner une dernière chance à nos alliés occidentaux » pour obliger Kiev à appliquer les accords de Minsk.

« Parlez clairement, Sergueï. Est-ce que vous soutenez la proposition de reconnaissance de l'indépendance des deux Républiques ?

– Je soutiendrai cette proposition.

– Vous la soutiendrez ou vous la soutenez ? Parlez clairement !

– Je soutiens la proposition de les intégrer à la Russie.

– Ce n'est pas le sujet. Répondez : est-ce que vous soutenez la reconnaissance de leur indépendance ? Oui ou non ?

– Je soutiens la proposition quant à la reconnaissance de l'indépendance des Républiques de Donetsk et de Lougansk.

– Merci. Vous pouvez vous rasseoir. »

Selon Michel Eltchaninoff, « cette séquence shakespearienne montrait que Vladimir Poutine exerçait désormais le pouvoir de manière solitaire, et cruelle, sur son cercle le plus proche[16] ».

Vladimir Poutine serait-il donc le seul responsable de l'agression contre l'Ukraine ?

Lyon, 14 août 2022

Chère Mati,

Merci de ta confiance et d'avoir accepté que nous continuions à nous écrire.

Bizarrement, les reproches, c'est à toi que tu les fais, au père de ta fille, qui est mort avant la guerre et vous a laissées seules, à ton chien, qui n'a pas aboyé, à l'armée de ton pays, parfois à ceux qui le dirigent, mais jamais aux habitants de l'autre pays. Que leur président soit réélu, assassiné ou jugé, qu'il meure de maladie ou d'une balle dans la tête : cela t'indiffère toujours.

Quand l'avocate t'a expliqué que le jugement de celui que tu appelles « le monstre » et qui a été identifié aurait probablement lieu en Ukraine, lorsqu'il serait arrêté, et que ses supérieurs hiérarchiques dans l'armée pourraient être de ceux qui comparaî-

traient devant la Cour pénale internationale, tu as répondu simplement que cela ne t'intéressait pas. J'ai cru comprendre que vous n'avez même pas parlé de la responsabilité du chef de l'État et des principaux responsables politiques de Russie et de Biélorussie.

Cela doit te sembler vraiment trop abstrait, trop éloigné de l'horreur bien tangible qui s'est abattue sur ta fille et sur toi. Tu es terrorisée à l'idée que ta fille revive le traumatisme le jour où un jugement se tiendra ; tu crains de ne plus être assez forte pour ne pas alors t'écrouler toi-même. Pour l'instant, tu continues à demander : « Qu'est-ce que cela changera tous ces procès pour ma fille, pour moi ou pour les autres victimes ? » Cela changera tout, je te le promets. Mais je te comprends.

Russie, 24 février 2022

À l'écouter, en ce 24 février 2022, Vladimir Poutine n'était coupable de rien, si ce n'est d'avoir fait preuve d'une trop grande magnanimité. Les vrais responsables de la guerre, c'étaient les « hommes politiques occidentaux irresponsables » qu'il accusait de tromperie et de chantage. Ces dirigeants étrangers, affirmait-il, faisaient peser des « menaces fondamentales sur la Russie, de manière démesurée et arrogante, pas à pas, année après année ».

Il expliqua ensuite qu'il avait essayé avec « persistance et patience » d'arriver à un accord avec les principaux pays de l'OTAN, mais qu'il n'avait plus le choix : « Conformément à l'article 51 de la partie 7 de la Charte des Nations unies, avec l'autorisation du Conseil de la Fédération de Russie et conformément aux traités d'amitié et d'assistance mutuelle avec les Républiques populaires de Donetsk et de Louhansk ratifiés par l'Assemblée fédérale le 22 février de cette année, j'ai pris la décision de mener une opération militaire spéciale. » Le président russe invoquait ainsi le droit de son pays à la légitime défense, individuelle ou collective, en tant que membre des Nations unies. Mais il faisait mine d'oublier qu'un tel droit n'était reconnu que pour les États ayant fait « l'objet d'une agression armée » et qu'il ne pouvait s'exercer que « jusqu'à ce que le Conseil de sécurité ait pris les mesures nécessaires pour maintenir la paix et la sécurité internationales »[17].

Dans le système des Nations unies, il n'y a que deux exceptions à l'interdiction du recours à la force. Première exception : le Conseil de sécurité constate l'existence d'une menace contre la paix, d'une rupture de la paix ou d'un acte d'agression ; dès lors, soit il fait des recommandations pour les faire cesser, soit il décide de mesures, pouvant relever d'un recours à la force, pour maintenir ou rétablir la paix et la sécurité internationales[18]. Deuxième exception : selon l'article 51 de la Charte, les États ont un droit naturel de légitime défense, à condition qu'elle soit justifiée, notamment par une agression armée, et temporaire. Or, malgré les efforts déployés par Vladimir Poutine pour légitimer son « opération spéciale » en Ukraine, elle ne relevait d'aucune des deux exceptions prévues par la Charte. Le Conseil de sécurité n'avait constaté ni menace contre la paix ou la sécurité internationales, ni agression armée de la part de l'Ukraine qui aurait justifié que la Russie se défendît.

Ainsi donc, l'intervention militaire russe en Ukraine violait plusieurs principes généraux du droit international, dont ceux qui ont été proclamés par la Charte des Nations unies. Comme tous les États membres de l'ONU, la Russie s'était engagée à régler pacifiquement ses différends et à ne pas violer l'intégrité territoriale ou l'indépendance politique d'un autre pays[19]. Lors d'une conférence de presse en septembre 2022, la ministre française des Affaires étrangères, Catherine Colonna, exprima avec acuité les principaux enjeux du problème : « C'est d'une particulière gravité que de voir l'un des membres permanents s'attaquer aux fondements mêmes de notre organisation. Il faut le rappeler ici, à New York, aux Nations unies. Il s'agit d'une guerre d'agression, choisie par la Russie, sans aucune justification au demeurant, mais aussi d'une guerre qui est menée par elle de façon particulièrement brutale, en ignorant toutes les lois de la guerre et en s'accompagnant d'exactions, de bombardements d'objectifs civils, de viols, de meurtres, de tortures, de déportations forcées, tout ceci étant constitutif d'autant de crimes de guerre[20]. »

Avec la guerre en Ukraine, la Russie n'a donc cessé de bafouer les Nations unies et, ce faisant, de déroger à ses propres engagements. En effet, la Fédération de Russie est un des cinq membres permanents du Conseil de sécurité de l'ONU, aux côtés de la Chine, des États-Unis, du Royaume-Uni et de la France. Elle exerçait même la présidence de ce Conseil en février 2022, lorsque Vladimir Poutine décida l'attaque contre l'Ukraine.

Ainsi, au moment du déclenchement de la guerre, le « gendarme du monde » était personnifié par un diplomate russe de soixante ans, à la silhouette imposante et aux lunettes discrètes, connu pour sa loyauté envers son pays. Son nom était Vassili Alexievitch Nebenzia. Il aimait les cocktails « moitié vodka, moitié champagne », et faire de la moto avec son fils. Lorsqu'il réfléchissait, il tournait légèrement sa montre d'un côté puis de l'autre. Surtout, il savait obéir aux ordres. En l'occurrence, il interloqua les autres membres du Conseil de sécurité par sa capacité à lire sans ciller des déclarations manifestement fausses au nom de son pays.

Un diplomate aussi expérimenté pouvait-il vraiment croire ces discours ? se demandaient les autres représentants. Avait-il une part de responsabilité dans le crime d'agression ? Vassili Nebenzia aurait-il pu marquer son opposition à la guerre ? Aurait-il été en mesure de désobéir ? Il aurait pu, selon Sergiy Kyslytsya, l'ambassadeur de l'Ukraine à l'ONU. Mais au cours de la séance du 6 mai 2022 du Conseil de sécurité, se rendant à l'évidence, Kyslytsya déclara : « L'ambassadeur russe laisse une traînée de sang et une odeur écœurante de corps de femmes, d'hommes et d'enfants en train de brûler lorsqu'il entre et sort de cette pièce. »

2.
Désobéir

> « En 1941, à la question : “Êtes-vous juif ?” du questionnaire auquel étaient soumis les fonctionnaires à cette époque, afin de vérifier leur compatibilité avec le régime de Vichy, André Philip répondit : “Non, mais j’aurais pu l’être.” À la question : “Êtes-vous franc-maçon ?”, il répondit : “Non, mais je me réserve le droit de le devenir.” Après avoir été renvoyé de l’Université de Lyon, il partit pour Londres[1]. »
>
> André Philip.

Izioum, mai-octobre 2022

Désobéir au péril de sa vie pour sauver celle de quelqu’un d’autre ? Parfois ce sont les soldats de l’armée d’occupation qui se comportent ainsi en Justes. Parfois ce sont les civils.

C'est le cas de la petite grand-mère ukrainienne, apparemment sans histoire, dont la journaliste Maryse Burgot et son équipe ont fait l'héroïne de leur reportage du 30 octobre 2022.

C'est l'homme qu'elle a sauvé qui tint à les amener chez elle. La petite Baboussia leur avait préparé un bortsch. Avec son ancien protégé, ils se serrèrent plusieurs fois dans les bras ; le plaisir qu'ils avaient à se retrouver était émouvant. En mai, Baboussia avait trouvé cet inconnu dans son jardin, inconscient, les habits recouverts de sang. Elle avait cru qu'il était mort et s'était demandé comment elle allait bien pouvoir l'enterrer. Quand elle avait compris qu'il respirait encore, elle avait décidé de le cacher chez elle. Malgré les risques que cela lui faisait courir en pleine occupation russe.

Lorsqu'elle entreprit de le soigner, elle vit que chaque partie de son corps était blessée. Peu à peu, au gré de sa convalescence, il lui avait tout raconté : le sac en plastique sur la tête, la terreur, les coups de barre de fer, les humiliations, la douleur, et cette certitude qu'il allait mourir. Mais il lui parla aussi de cet officier russe qui avait feint de l'exécuter pour lui laisser une chance de fuir. Il avait alors pensé à son épouse pour se donner du courage et s'était mis à ramper. Vers la mort, avait-il cru, à bout de forces ; vers la maison de Baboussia, en réalité.

La nuit, quand lui dormait, elle se levait. Au moindre bruit, elle soulevait l'épaisse couverture qui masquait la fenêtre de sa maison et scrutait l'obscurité. Les nuits de pleine lune étaient les pires : des ombres se découpaient dans le jardin et sur la route ; derrière chaque arbre, elle croyait apercevoir un soldat russe, prêt à bondir. Totalement immobile, la respiration coupée, elle fixait la potentielle menace jusqu'à être certaine que ce n'était que le fruit de son imagination. Puis elle écoutait. Le bruit du vent, les aboiements de chiens, les bruits de la basse-cour et, au loin, les bombes. Parfois, des hurlements.

Le jour, ce qu'elle craignait le plus, c'était de voir des visages inconnus à son portail. Elle tremblait encore lorsqu'elle repensait à ces deux soldats russes venus lui confisquer ses poules, et auxquels elle s'était empressée de donner aussi du vin pour qu'ils aillent se saouler plus loin. Il fallait qu'ils partent, ils ne devaient surtout pas entrer dans la maison.

Par moments, elle avait peur, atrocement peur. Elle en avait totalement perdu l'appétit. Mais lui, il devait reprendre des forces, alors elle se contraignait à manger pour qu'il ne se sente pas gêné de le faire à son tour.

Pendant trois mois, il resta caché dans son sous-sol, puis elle le fit entrer dans la maison. Les bombardements, ils les avaient vécus à deux, terrifiés mais ensemble. En septembre, il y eut encore plus de bombes. L'eau et le gaz furent coupés, puis l'électricité. Mais, enfin, un matin, des cris retentirent sur la route : « Les Russes se sont enfuis !

Gloire à l'Ukraine ! » Pourtant, ils décidèrent, prudents, qu'il ne sortirait pas. Pas tout de suite. Ce n'est que trois jours plus tard qu'il rentra chez lui attendre le retour de sa femme. Les journalistes expliquèrent à Baboussia ce que c'est qu'être « un Juste ». Cela la fit rire. Son ancien protégé la regarda avec une infinie tendresse, et elle lui tapota la joue. Comme l'aurait fait une mère[2].

NEW YORK, NUIT DU 23 AU 24 FÉVRIER 2022

Face à des institutions qui se dévoient et manquent à leur devoir premier de protéger la paix et les droits fondamentaux, on trouve toujours un certain nombre d'individus qui, de manière plus ou moins organisée, plus ou moins planifiée, résistent, voire ripostent, quels que soient les risques qu'ils courent. Parmi eux, deux catégories se dessinent qui ont réellement le pouvoir de renverser la situation : ceux que j'appelle volontiers les « tireurs embusqués » et ceux qu'en droit l'on nomme les « baïonnettes intelligentes ».

Les « tireurs embusqués » sont des combattants – pacifiques – qui luttent pour les droits fondamentaux de tous les êtres humains, contre la violence, le crime et l'injustice, avec le droit pour seule arme. Face aux institutions et aux dirigeants qui bafouent les droits fondamentaux de l'homme, ils cherchent une faille juridique et, une fois qu'ils l'ont trouvée, ils s'appliquent à bâtir une riposte en droit, qu'ils n'opposeront que lorsqu'elle sera imparable. C'est pourquoi ils attendent dans l'ombre : lorsque le criminel les aperçoit, ce n'est souvent qu'à la faveur du coup de feu qu'ils viennent de tirer pour l'abattre. J'y reviendrai.

Les « baïonnettes intelligentes », quant à elles, sont des individus chargés de servir les institutions dévoyées, mais qui refusent d'obéir à un ordre qu'ils savent illégal, malgré son apparente légitimité. Qu'il existe toujours, quels que soient les risques encourus et l'apparente toute-puissance des institutions criminelles, des baïonnettes intelligentes amène inévitablement à s'interroger sur la responsabilité des agents qui exécutent sans la moindre résistance des ordres manifestement illégaux et contraires aux droits humains.

Ce fut le cas, notamment, en France, de Maurice Papon qui, appliquant sans ciller les ordres de Vichy lorsqu'il était secrétaire général de la préfecture de la Gironde en charge des « questions juives », supervisa avec efficacité, de 1942 à 1944, l'arrestation et la déportation de mille six cent quatre-vingt-dix Juifs de Bordeaux, dont deux cent quatre-vingt-huit enfants qui, pour la plupart, furent transportés vers le camp d'extermination d'Auschwitz, où ils furent immédiatement assassinés.

Après la guerre, sa carrière politique fut fulgurante, et il devint ministre du Budget en avril 1978.

Quand, enfin, Maurice Papon comparut, à partir du 8 octobre 1998, aux assises de la Gironde, c'était un vieillard qui avait traversé l'existence sans être inquiété.

Entre 1981 et 1990, une trentaine de plaintes avaient été déposées contre lui pour « crimes contre l'humanité » et pour « complicité de crimes contre l'humanité ». La défense de Papon consista à rejeter toute responsabilité, sous prétexte qu'en tant que fonctionnaire du régime de Vichy il n'aurait pu faire autrement que d'obéir. Et pourtant, sous l'Occupation, il y eut bien, parmi les agents du régime, quelques baïonnettes intelligentes, qui, comme André Philip, refusèrent, parfois au péril de leur vie, d'exécuter des ordres manifestement illégaux.

Mais cette défense, jouant sur la question de la responsabilité individuelle d'un agent pris dans l'engrenage d'une institution criminelle, porta ses fruits, car Maurice Papon ne fut condamné qu'à dix ans de prison, pour complicité de crimes contre l'humanité. Il lui fut reproché d'« avoir apporté son "concours actif" à l'arrestation puis à la déportation des soixante-douze victimes représentées par les parties civiles. En revanche, il fut acquitté du troisième chef d'accusation, celui de complicité dans leur assassinat à Auschwitz[3] ». Son avocat fit mine de s'interroger : « Une démission de Papon eût-elle modifié le "mécanisme institutionnel" qu'ont connu les Juifs à Bordeaux entre 1942 et 1944 ? »

Comment comprendre la légèreté de la peine infligée à Maurice Papon ? Tout d'abord, si l'article 8 du statut de Nuremberg affirme que le fait que l'accusé a agi « conformément aux instructions de son gouvernement ou d'un supérieur hiérarchique ne le dégagera pas de sa responsabilité », cela pourra toutefois être considéré comme un motif de diminution de peine. Ensuite, c'est qu'il est extrêmement difficile, voire impossible lorsque l'accusé s'oppose en bloc à toutes les charges pesant contre lui, de prouver ce que ce dernier savait réellement au moment des faits et de quelles informations il disposait lorsqu'il a eu à décider d'obéir, ou non, aux ordres. Qu'en est-il de sa responsabilité s'il n'avait, par exemple, pas les moyens de savoir que les ordres reçus étaient illégaux ?

C'est là la question qui hante Gordon Brown et qu'il pose dans *My Life, Our Times*[4]. Dans cette autobiographie, il déplore avoir été trompé volontairement par le Pentagone et n'avoir jamais eu connaissance du rapport des services de renseignement américains sur les capacités militaires irakiennes[5]. Seuls les rapports du M16 lui avaient été remis, et, à l'époque, malgré les quelques réserves qu'il avait pu émettre, leur contenu l'avait « rassuré » quant à la légitimité de la guerre. Mais dès qu'il eut accès, en 2017, aux informations qu'on lui avait dissimulées, il condamna expressément la guerre en Irak et clama haut et fort que l'invasion ne constituait en rien une réponse proportionnée. Certes, il avait manifesté des doutes quand il était chancelier de l'Échiquier et à nouveau lorsque, Premier Ministre, il avait essayé de rapatrier au plus tôt les troupes britanniques d'Irak. Certes, il lui manquait des informations capitales pour pouvoir dénoncer cette guerre comme illégale. Et pourtant, Gordon Brown restait rongé de culpabilité et se demandait « encore et encore » ce qu'il aurait pu faire, malgré tout, pour changer le cours des choses « avant que la décision fatidique ne fût prise ».

Le 24 février 2022, au deuxième étage du siège des Nations unies de New York, dans la salle dédiée aux travaux de cette institution, sous la fresque monumentale de l'artiste norvégien Per Krohg, Sergiy Kyslytsya, l'ambassadeur de l'Ukraine auprès des Nations unies, faisait face au représentant de la Russie qui présidait alors le Conseil de sécurité. L'Ukraine avait été conviée à participer, sans droit de vote, à la réunion urgente du Conseil sur la menace d'une guerre entre la Russie et l'Ukraine.

En début de soirée, les portables se mirent à sonner, à clignoter, à vibrer. Vassili Nebenzia consulta le sien où des messages s'accumulaient. Soudain, son dos se voûta, et il se couvrit quelques instants les yeux de la main. Lorsqu'il la retira, son visage avait blêmi[6]. Il fit tourner sa montre autour de son poignet sans regarder personne. Après quelques secondes d'un silence perplexe, l'ambassadeur ukrainien s'exprima, l'air grave, le dos droit : « Il est trop tard, mes chers collègues, pour parler de désescalade, trop tard ! Le président russe vient de déclarer la guerre en direct. Ambassadeur, est-ce que je dois vous montrer la vidéo de votre président ? Ambassadeur, dois-je le faire maintenant ? Vous ne pouvez pas confirmer ? » La réponse de Nebenzia fut inaudible. Qu'il comprît ou non ce qu'avait marmonné son homologue russe, Sergiy Kyslytsya continua : « Vous avez déclaré la guerre, c'est la responsabilité de ce Conseil de stopper la guerre. J'en appelle donc à chacun d'entre vous pour faire tout ce qui est possible pour mettre fin à la guerre. Dois-je vous passer la vidéo, monsieur l'ambassadeur russe, avec votre président déclarant la guerre ? Appelez Poutine ! Appelez Lavroff ! Arrêtez cette agression ! »

Puis, baissant la voix, ses yeux passant d'un visage à l'autre : « Je salue la décision de certains membres du Conseil de se réunir au plus tôt pour examiner la décision nécessaire qui condamnerait l'agression que vous avez lancée contre mon peuple. » Son regard s'arrêta alors sur Vassili Nebenzia : « Il n'y a pas de purgatoire pour les criminels de guerre. Ils vont directement en enfer, monsieur l'ambassadeur. » Ces derniers mots résonnèrent de longues secondes dans la salle du Conseil. L'ambassadeur russe répondit alors qu'il n'avait aucune intention de « réveiller le ministre Lavroff à cette heure ». Le ton était donné : l'état-major russe ne souhaitait pas s'opposer à la décision prise par Vladimir Poutine d'attaquer l'Ukraine.

Certes, Vladimir Poutine fut sans doute seul à décider la guerre. Mais, pour que sa décision soit suivie d'effet, il fallut bien qu'elle soit très majoritairement saluée par son gouvernement. Dès l'instant où l'ambassadeur, le Premier ministre et tous les autres membres du gouvernement et de l'armée russes choisirent de ne pas s'opposer à la décision de leur chef, tout évidemment illégale fût-elle, ne devenaient-ils pas, eux aussi, responsables du crime d'agression ? Du point de vue juridique, la responsabilité individuelle n'est engagée que lorsque l'agent est en mesure, au moment des faits, de contrôler voire de diriger l'action politique ou militaire de son pays et qu'il a indubitablement la charge d'un des actes constituant le crime d'agression. L'enquête et le jugement qui ne manqueront pas d'avoir lieu devront déterminer cela pour chaque individu mis en cause dans le crime d'agression contre l'Ukraine. Quant aux autres agents, qui n'ont eu aucun pouvoir de direction et n'ont donc pas planifié, préparé, lancé ou exécuté l'acte d'agression, ils resteront toutefois susceptibles d'être accusés d'autres crimes internationaux qui auraient découlé du crime d'agression.

Le tribunal international, que nous sommes nombreux à appeler de nos vœux, devra donc, par exemple, déterminer si, en cette nuit du 24 février

2022, l'ambassadeur Vassili Nebenzia avait la moindre latitude pour tenter, s'il l'avait voulu, d'interrompre cette nouvelle attaque contre l'Ukraine. Sa démission ou son refus d'obéir auraient-ils changé le processus belliqueux dans lequel Vladimir Poutine engageait la Russie ? Pourquoi ce dos voûté, pourquoi cette pâleur lorsqu'il apprit que la guerre avait commencé ? Était-ce un moment d'hésitation ? A-t-il, ne serait-ce qu'un instant, envisagé de désobéir, avant de se ranger à la décision du chef de l'État, de crainte, peut-être, d'être assassiné comme le furent certains opposants politiques de Vladimir Poutine ?

En 2022, il y eut des hauts responsables russes pour s'opposer à Vladimir Poutine : certains moururent dans des conditions fort suspectes, que le gouvernement présenta chaque fois comme un suicide, les autres prirent le chemin de l'exil avec leur famille pour échapper au pire et, peut-être, essayer d'agir depuis l'étranger. Or Vassili Nebenzia résidait aux États-Unis avec sa femme et son fils avant le début des hostilités : il aurait aisément pu y trouver refuge et protection contre les représailles des services secrets s'il avait voulu désobéir au président russe et dénoncer l'agression de l'Ukraine. S'il l'avait voulu… Mais, quand notre volonté première est de conserver nos avantages et d'assurer notre sécurité, nous ne nous opposons pas.

Quelques jours après le début de la guerre, Barbara Woodward, l'ambassadrice britannique à l'ONU, s'adressa à son tour à son collègue russe : « Vassili Alexievitch Nebenzia, le grand écrivain russe Alexandre Soljenitsyne a écrit : "L'homme n'a pas seulement une vie, il a aussi une conscience." » Elle prononça ces mots sans lâcher des yeux l'ambassadeur russe. Pour une fois, Vassili Alexievitch Nebenzia, comme tétanisé, ne fit pas tourner sa montre autour de son poignet.

New York, 25 février-2 mars 2022

Le 25 février, un projet de résolution fut déposé au Conseil de sécurité, conjointement par un membre permanent (les États-Unis) et un membre non permanent (l'Albanie), pour réaffirmer la souveraineté, l'indépendance, l'unité et l'intégrité territoriale de l'Ukraine à l'intérieur de ses frontières internationalement reconnues, et pour déplorer avec la plus grande fermeté l'« agression de la Fédération de Russie contre l'Ukraine en violation de l'article 2, paragraphe 4, de la Charte des Nations unies ». Ce projet reçut onze votes favorables pour quinze votants. La Russie fut la seule à s'y opposer. Ses alliés habituels, la Chine, l'Inde et les Émirats arabes unis s'abstinrent, ce qui revenait diplomatiquement à se désolidariser de leur partenaire.

À l'issue de cette réunion du Conseil de sécurité, le Secrétaire général de l'ONU, António Guterres, désabusé, fit une déclaration à la presse :

« Les Nations unies sont nées de la guerre pour mettre fin à la guerre. Aujourd'hui, cet objectif n'a pas été atteint. » Cependant, un autre objectif avait été rempli : Vladimir Poutine et les plus hauts responsables politiques et militaires de la Russie et des États associés ne pouvaient plus feindre d'ignorer qu'ils avaient enfreint le droit international et qu'ils venaient de commettre un crime d'agression. Ils ne pourraient donc pas invoquer leur bonne foi lorsque le temps du jugement serait venu.

Toutefois, la Russie de Vladimir Poutine utilisa sans compter son veto et ne risquait ni d'être sanctionnée ni de s'en voir privée.

Depuis 2000[7], il y avait bien eu des tentatives de réforme du Conseil de sécurité pour rééquilibrer sa composition, mais aucune n'avait abouti. Ce n'était pas faute de projets, y compris venant de membres permanents. Ainsi, la France soutenait l'accession à un siège permanent de l'Allemagne, du Brésil, de l'Inde, du Japon, ainsi qu'une présence plus importante des pays africains. Surtout, depuis 2013, aux côtés du Mexique, elle défendait l'encadrement de l'usage du droit de veto par les cinq membres permanents du Conseil de sécurité en cas d'« atrocité de masse ». Elle s'était engagée à ne plus jamais bloquer une décision du Conseil dans les situations de génocide, de crimes contre l'humanité et de crimes de guerre. Mais en 2022, cette proposition franco-mexicaine, bien que soutenue par cent six États de l'ONU, n'avait toujours pas abouti. Elle aurait pourtant permis d'empêcher la Russie d'utiliser son veto au sujet de la guerre en Ukraine, dans la mesure où une enquête pour crimes internationaux était ouverte à la CPI.

Heureusement, le 27 février, le Conseil parvint à contourner ce veto en réclamant une réunion d'urgence de l'Assemblée générale des Nations unies sur la situation en Ukraine[8]. Portant sur une simple question procédurale, cette résolution qui ne pouvait être bloquée par l'un des cinq membres permanents[9] fut donc adoptée malgré l'opposition de la Russie et l'abstention désormais prévisible de la Chine, de l'Inde et des Émirats arabes unis.

Ainsi, le 2 mars 2022, l'Assemblée générale des Nations unies réunit la quasi-totalité des pays du monde autour de la question de l'Ukraine. Ce n'était que la onzième fois dans l'histoire de l'ONU qu'une telle session extraordinaire d'urgence de l'Assemblée générale était réunie. La condamnation de l'attaque russe fut sans appel, déplora « dans les termes les plus énergiques » l'agression commise par la Fédération de Russie contre l'Ukraine en violation de la Charte des Nations unies et exigea que la Russie « cesse immédiatement d'employer la force contre l'Ukraine et s'abstienne de tout nouveau recours illicite à la menace ou à l'emploi de la force contre tout État membre ». Il n'y eut que trente-cinq abstentions et cinq votes défavorables à la résolution. Au nombre des opposants à la résolution, se rangeant du côté de la Russie : la Biélorussie, l'Érythrée, la Corée du Nord et la Syrie.

Encore une institution internationale (et non uniquement occidentale) qui enjoignait à Vladimir Poutine et aux autres dirigeants concernés de cesser immédiatement l'agression contre l'Ukraine. Encore une institution internationale qui leur rappelait qu'ils violaient les règles fondamentales du droit.

Le 28 février 2022, Philippe Sands publia une tribune dans le *Financial Times*, traduite en français et co-signée avec Gordon Brown dans *Le Monde* sous le titre : « Le recours à la force par Poutine est un crime d'agression », par laquelle il appelait à la création d'un tribunal international spécial pour juger les principaux responsables du crime d'agression contre l'Ukraine, à commencer par Vladimir Poutine. Anciens dirigeants politiques, juristes, personnalités de la culture : nous étions près de cent cinquante à soutenir cette tribune dont la portée devint internationale.

Rien de cela ne suffit à convaincre Vladimir Poutine de faire marche arrière. Cela ne l'empêcha pas non plus de déployer en Russie et à l'international une propagande si mensongère qu'elle en confine parfois à l'absurde.

Ainsi, dans son discours du 24 février 2022, il avait présenté l'attaque qu'il venait de lancer contre l'Ukraine comme un moyen de « protéger les personnes victimes d'intimidation et de génocide par le régime de Kiev depuis huit ans ». Il était le sauveur, le seul à avoir compris la nécessité de lutter pour la démilitarisation et la « dénazification » de l'Ukraine[10] ; grâce à lui, on allait enfin « traduire en justice ceux qui ont commis de nombreux crimes sanglants contre des civils, y compris des citoyens de la Fédération de Russie ». Voilà pourquoi la guerre était inévitable, mais il ajoutait : « nos plans n'incluent pas l'occupation de territoires ukrainiens. Nous n'avons pas l'intention d'imposer quoi que ce soit à qui que ce soit par la force ». Enfin, n'hésitant pas à retourner entièrement la vérité, il s'était présenté comme le garant du droit des peuples à disposer d'eux-mêmes : « Notre politique est fondée sur la liberté, la liberté de choix pour chacun de déterminer son propre avenir et celui de ses enfants. Et nous pensons qu'il est important que tous les peuples vivant sur le territoire de l'Ukraine actuelle, tous ceux qui le souhaitent, puissent exercer ce droit – le droit de choisir. »

À partir du 13 mai 2022, l'Ukraine réclama officiellement la création d'un tribunal international spécial pour juger Vladimir Poutine et les autres principaux responsables de l'agression du pays. Le 28 juin 2022, Volodymyr Zelensky fut autorisé à s'adresser au Conseil de sécurité par visioconférence. En l'absence de Vassili Nebenzia, c'était l'ambassadeur russe adjoint, Dmitry Polyanskiy, qui présidait la séance. Le président ukrainien revendiqua la création d'une telle juridiction et demanda que la Russie soit privée de son statut de membre permanent du Conseil. Puis il appela l'ensemble des membres à observer une minute de silence en hommage à tous les Ukrainiens tués pendant la guerre. Et tous se levèrent. Même Dmitry Polyanskiy.

Avec l'agression de l'Ukraine, Vladimir Poutine avait sciemment placé son pays du côté des hors-la-loi et avait provoqué en duel les gens de loi. Confiant dans sa supériorité, ne manifestant ni crainte ni doute, il croyait que ces derniers n'avaient aucune chance contre lui et s'écrouleraient en premier.

Mais un détail lui avait échappé qui allait, espérons-le, provoquer sa chute.

III.

LE DUEL

Où l'on se demande comment juger
un chef d'État protégé par une immunité.

Où l'on s'interroge sur la possibilité
de condamner un chef d'État tout en tenant
compte des exigences de la diplomatie.

1.

Juger

« Je n'ai rien à dire. »

Klaus Barbie, « Le Boucher de Lyon »,
lors de son procès, Palais de justice de Lyon,
séance du 26 mai 1987.

« Juger, c'est de toute évidence ne pas comprendre puisque, si l'on comprenait, on ne pourrait pas juger. »

André Malraux, *Les Conquérants.*

Lyon, le 11 septembre 2022

Chère Mati,

« Qu'est-ce que cela pourrait bien nous faire à nous de savoir que le monstre a été condamné ? », m'as-tu demandé ce matin.

Sur le moment, je ne t'ai pas répondu. Je ne pouvais pas te dire que l'enjeu n'était pas de savoir si l'on pouvait changer le passé, mais qu'il était inadmissible qu'un criminel international puisse mener une vie normale, comme si de rien n'était, et rester impuni.

Je ne voulais pas non plus te faire un cours de droit et t'expliquer que la sanction prononcée contre un condamné avait longtemps été présentée comme un moyen de lui infliger une souffrance comparable à celle qu'il avait causée et que, avec ce type de raisonnement, une condamnation des responsables aurait pu t'être une vengeance. Car il aurait alors fallu que j'ajoute que la loi du talion n'a jamais vraiment apporté à quiconque le soulagement espéré. La conception de la peine a évolué : aujourd'hui, « la sanction a pour fonction d'être dissuasive pour le condamné et le reste de la population[1] ». Elle s'accompagne aussi de mesures visant à réinsérer et à réadapter le délinquant. Cela décontenance parfois la victime qui, et c'est compréhensible, peut souhaiter que le criminel soit, d'une manière ou d'une autre, privé de tout avenir. Mais les droits humains sont pour tous.

J'aurais peut-être pu te dire que le procès et la sanction des criminels aident les victimes à se reconstruire et que l'impunité des criminels agit comme un second traumatisme sur leurs victimes. Quand il s'agit de crimes internationaux, les victimes ont droit à la vérité et à une réparation qui n'est pas seulement financière. Le procès aide aussi à ce que les crimes commis par les uns et les souffrances endurées par les autres entrent dans la mémoire collective et qu'ainsi les victimes, n'étant plus les seules dépositaires du souvenir, puissent, peu à peu, ne plus être hantées par lui.

Très chère Mati, je sais que nous en reparlerons ensemble un jour.

Moscou, 1999-2020

Le 31 décembre 1999, des journalistes furent autorisés à entrer dans le bureau présidentiel du Kremlin, où se trouvait le Premier ministre Poutine (ou plutôt celui qu'ils croyaient n'être encore que le Premier ministre), assis à la table de réunion avec le président Eltsine (du moins, celui que tous pensaient être encore le président). Les deux hommes se faisaient face. Comme dans un duel.

Vladimir Poutine gardait la main à plat sur un dossier bleu, sans titre, qu'il avait dû refermer à la hâte au moment où les journalistes avaient été introduits dans la pièce. De même, discrètement, il cherchait à dérober aux regards le contenu de son bloc-notes en posant le bras dessus. Il fallait que nul ne se doute de la mesure qui serait dévoilée quelques heures plus tard lors de la traditionnelle allocution présidentielle de fin d'année : Boris Eltsine donnait sa démission en faveur de Vladimir Poutine, qui devenait donc en ce dernier jour de l'année 1999 président par *interim* de la Fédération de Russie.

En 2022, il était inenvisageable que Vladimir Poutine puisse faire l'objet de poursuites pénales en Russie. Depuis 1999, il n'avait eu de cesse de s'assurer l'immunité juridique, et la révision de la Constitution, qu'il avait obtenue en 2020, était l'aboutissement de plus de vingt ans de manœuvres en ce sens. En effet, l'article 91 de la Constitution révisée établit l'« inviolabilité » du président, une inviolabilité aussi totale que celle des monarques, et non une simple irresponsabilité pour les actes commis dans l'exercice de ses fonctions, comme c'est habituellement le cas dans les démocraties.

Dans la plupart des pays du monde, les chefs d'État, d'une part, sont protégés contre les poursuites pénales parce qu'ils incarnent ou représentent la continuité de la nation et qu'ils ne doivent pas voir leurs actes remis en cause, ni être empêchés d'accomplir leur mission, et, d'autre part, l'autorité judiciaire ne peut interférer dans les fonctions exécutives du chef de l'État, du fait du principe de séparation des pouvoirs. Presque rien donc, au niveau du droit, ne serait en mesure de les déboulonner, ni les institutions légales de leur propre pays, ni les juridictions étrangères ou internationales. Mais la protection pénale du chef de l'État est limitée et ne saurait, dans un régime démocratique, lui assurer l'impunité en cas de crimes. Dans un régime démocratique… Car, dans un régime totalitaire, le chef, exerçant un pouvoir absolu, bénéficie toujours d'une protection pénale totale. Par exemple d'une « inviolabilité », selon le terme de la Constitution russe…

En Russie, depuis 2020, la Cour constitutionnelle considère que l'inviolabilité du président continue à garantir un exercice « libre et responsable » des pouvoirs de ce dernier et la continuité de l'institution du chef de l'État. Ainsi, les juridictions russes ne peuvent juger Vladimir Poutine tant qu'il est président. Or, depuis plus de vingt ans, il fait tout pour se maintenir au pouvoir, en dépit de la limitation à deux mandats consécutifs prévue par la Constitution.

En 2000, puis en 2004, Vladimir Poutine fut élu président de la Fédération de Russie. En 2008, afin de conserver un respect de façade de la Constitution, il intervertit les rôles avec son Premier ministre Medvedev, qui le remplaça à la tête de l'État pour deux mandats pendant que lui-même prenait les fonctions de Premier ministre. Il fut ensuite réélu à partir de 2012 pour deux mandats, ses fonctions devant prendre fin en 2024.

Mais, en 2020, particulièrement prévoyant, il manigança encore pour pouvoir rester président jusqu'en 2036. Il s'y prit d'une manière particulièrement subtile. Pour atteindre son but, il lui fallait obtenir que la Constitution fût révisée. À cette fin, il organisa un référendum et déploya alors des trésors de propagande et de manipulation de l'information pour circonvenir l'opinion. Tous les moyens furent bons pour convaincre le peuple, peu importe si la légalité de ce référendum en devenait contestable. Comme l'écrit la juriste Marie-Élisabeth Baudoin : « Des jeunes "bénévoles de la Constitution", qualifiés de "héros principaux des changements", allèrent à la rencontre des électeurs. Des loteries furent organisées pour inciter à se rendre aux urnes. » Autre « ombre [jetée] sur la dimension véritablement démocratique de cette consultation populaire » : le « vote en bloc », soit « un seul "oui" ou "non" sur un ensemble de 46 amendements dépourvus de liens entre eux »[2] et formant un texte ardu dont la compréhension nécessitait de solides connaissances juridiques.

Sans surprise, le « oui » l'emporta très largement, et, le 5 avril 2021, le dirigeant russe signa la loi fédérale n° 89 qui lui permettait de rester président pour deux nouveaux mandats, à partir de 2024, soit jusqu'en 2036. L'avenir du pays était donc tout tracé pour les quinze prochaines années – à tout le moins…

Certes, la Constitution révisée autorise Vladimir Poutine à démissionner librement, sans que l'approbation d'une autre institution soit nécessaire[3], mais voilà chose bien peu probable. Le président peut aussi être révoqué de manière anticipée en cas d'incapacité persistante à exercer ses fonctions pour raisons de santé, même contre l'avis du principal concerné[4]. Le président peut également être destitué pour une infraction grave ou pour haute trahison. Mais la procédure à suivre est alors particulièrement complexe[5].

Avec la Constitution révisée de 2020, Vladimir Poutine, président depuis vingt ans et pour au moins quinze ans encore – on peut parier qu'il fera tout pour –, s'était donc assuré une protection quasi absolue au cours de ses fonctions.

Cela achevait de le rendre inattaquable à vie, puisque, le 31 décembre 1999, son tout premier acte en tant que nouveau chef de l'État avait été de signer un décret accordant des garanties de protection pénale aux anciens présidents de la Fédération de Russie[6].

À l'époque, on interpréta largement ce geste comme le fruit d'un marché entre l'ancien et le nouveau président, le premier acceptant de céder le pouvoir au second en échange d'une protection contre toute action judiciaire. Mais en réalité, par ce décret, Vladimir Poutine prenait aussi des garanties pour son propre avenir que la révision constitutionnelle de 2020 a confirmées. La Commission de Venise, l'organe consultatif du Conseil de l'Europe sur les questions constitutionnelles, ne fut pas dupe : elle souligna que l'octroi d'une telle inviolabilité aux anciens présidents était très inhabituel dans le monde et dénonça cette mesure comme une violation du principe d'égalité garanti par l'article 19 de la Constitution, soulevant de graves questions au regard de l'État de droit[7].

L'Histoire montre cependant qu'un dirigeant, aussi puissant et protégé soit-il, n'est jamais à l'abri d'un revirement politique brutal entraînant une modification des règles de droit qui lui garantissaient l'impunité. Si la Russie devenait le théâtre d'un tel revirement politique, Vladimir Poutine aurait-il le temps et la latitude de s'enfuir vers un pays allié ? Encore faudrait-il qu'il lui restât des alliés…

La Haye, 2004, 2022

Ce qui caractérise la guerre en Ukraine, c'est sa concomitance avec les procédures judiciaires qu'elle suscite. En effet, outre les interventions diplomatiques et les sanctions dans les domaines de l'économie et du sport, le droit international a rapidement été mobilisé par les autres États, après le début des hostilités, pour contraindre la Russie à la désescalade, aboutir au plus vite à la fin du conflit et ainsi limiter autant que possible les effets sur les civils.

La décrédibilisation du droit déjà amorcée par les guerres antérieures, dont les responsables sont restés largement impunis, est plus que jamais à l'œuvre avec l'agression de l'Ukraine, et les règles juridiques censées encadrer tout conflit armé n'ont cessé d'être bafouées par la Russie. Vladimir

Poutine persiste à faire un « usage de mauvaise foi du droit, sans autre critère que celui de l'intérêt politique[8] », au risque assumé de se mettre en porte-à-faux par rapport aux Nations unies et d'isoler progressivement son pays de la communauté internationale. Ainsi, pour justifier ses actes, en tout cas aux yeux de son peuple, soumis à une propagande et une désinformation intenses, il n'hésita pas à affirmer, contre toute évidence, que l'Ukraine commettait un génocide sur les populations russes du Donbass, que la Russie était en situation de légitime défense et que les crimes de guerre qui commencèrent très vite à être constatés sur le passage de ses soldats n'étaient qu'une mise en scène de la part des Ukrainiens.

En tant qu'institution ayant la charge de régler les conflits juridiques entre États, la Cour internationale de justice fut, en toute logique, la première juridiction saisie. Le 26 février 2022, deux jours seulement après le début de la nouvelle offensive russe sur son territoire, l'Ukraine présenta trois requêtes aux quinze juges de La Haye. Premièrement, elle demandait que la vérité soit judiciairement établie, qu'il soit officiellement reconnu par la communauté internationale que « l'opération militaire spéciale », menée par la Russie sur le territoire ukrainien, était fondée sur une allégation mensongère de génocide de la part de Vladimir Poutine et que ce dernier ne pouvait donc en aucun cas se réclamer de la convention obligeant les États à prévenir et réprimer le crime de génocide. Deuxièmement, l'Ukraine demandait à la Cour d'exiger de la Fédération de Russie qu'elle cesse l'emploi de la force[9]. Enfin, l'Ukraine réclamait une « réparation intégrale de tout dommage causé par la Fédération de Russie par suite de toute action fondée sur son allégation mensongère de génocide ».

Dans la mesure où une telle procédure met des années à aboutir et où dans l'intervalle les criminels continuent de bafouer allègrement le droit au prix de drames humains considérables, la Cour prit, le 16 mars 2022, des mesures conservatoires, c'est-à-dire une ordonnance provisoire, en attendant que son jugement soit rendu[10]. Dans cette ordonnance, la Cour exprima de « fortes inquiétudes quant aux victimes et aux souffrances humaines » engendrées par la guerre et exigea que la Russie suspende immédiatement les opérations militaires sur le territoire de l'Ukraine. Elle rappela que les États devaient respecter leurs obligations internationales et le droit humanitaire, et somma les deux parties de s'abstenir, d'ici à ce qu'elle se soit prononcée sur le fond de l'affaire, de tout acte qui risquerait d'aggraver, d'étendre le conflit ou de rendre le règlement du différend plus difficile[11]. Inutile de préciser que ces mesures conservatoires ne furent pas respectées.

Parallèlement à cette procédure concernant la Fédération de Russie en tant qu'État, d'autres actions juridiques furent engagées pour juger, cette fois, la responsabilité individuelle de certains militaires russes.

Le premier jugement pour crime de guerre dans le contexte de ce conflit eut lieu en mai 2022. Il fut rendu en Ukraine, où le crime avait été commis. Cependant, ce jugement, contrairement à ceux des juridictions russes, était soumis à un contrôle au sein du Conseil de l'Europe[12]. Si l'Ukraine ne respectait pas la Convention européenne des droits de l'homme, elle risquait une condamnation par la CEDH. L'accusé se nommait Vadim Shishimarin. Quelques jours après le début de l'invasion, ce soldat de l'armée russe avait tué d'une balle dans la tête un civil ukrainien de soixante-deux ans qui ne faisait que passer en poussant son vélo d'une main et en téléphonant de l'autre. Les aveux de l'accusé lui-même, des témoignages d'autres civils et des expertises balistiques avaient été retenus contre lui, mais on lui reconnut des circonstances atténuantes : d'une part, il avait obéi aux ordres de ses supérieurs, qui avaient affirmé que le passant était en train de révéler par téléphone leur position aux soldats ukrainiens ; d'autre part, il ne voulait pas tuer le civil et avait essayé de rater sa cible. Ainsi, condamné à la prison à vie en première instance, Vadim Shishimarin, qui avait aussi exprimé des regrets, avait vu sa peine réduite à quinze ans de réclusion par la Cour d'appel de Kiev. Ceux qui lui avaient donné l'ordre de tirer n'avaient pas comparu à ses côtés parce qu'ils étaient morts ou qu'ils avaient bénéficié d'un échange de prisonniers.

Par conséquent, ces premiers procès ne condamnaient que des exécutants secondaires, et il fallait à présent rechercher la responsabilité de ceux qui avaient déclenché la guerre et conçu le plan d'ensemble dont avaient découlé tous les ordres reçus par les soldats. Les plus hauts dignitaires russes ne devaient pas échapper à la justice.

En l'absence d'enquête ou de poursuites engagées par une juridiction nationale compétente, et à condition que l'État ait la volonté et la capacité de « mener véritablement à bien l'enquête ou les poursuites[13] », c'est à la CPI qu'il revient de poursuivre, juger, condamner ou acquitter les plus hauts responsables hiérarchiques, y compris les chefs d'État en exercice, pour leur responsabilité *individuelle* dans la perpétration de crimes internationaux, mais elle n'y parvient pas toujours.

Par exemple, le 13 mai 2014, Fatou Bensouda, alors procureure de la CPI, annonça qu'elle avait décidé un nouvel examen préliminaire de la situation en Irak, après que de nouveaux éléments eurent été communiqués au Bureau du procureur quatre mois auparavant[14]. Au vu de ces nouveaux renseignements, la procureure souhaitait examiner la responsabilité d'agents britanniques[15] dans des crimes de guerre consistant en des mauvais traitements infligés de façon systématique à des détenus en Irak de 2003 à 2008. Les États-Unis n'étant pas partie à son statut, elle ne pouvait donc pas examiner la responsabilité des hauts responsables américains. Toutefois, le 9 décembre 2020, Fatou Bensouda décida de clore l'examen des actes des agents britanniques sans ouvrir d'enquête, car son bureau n'avait « pas été en mesure d'établir que les institutions chargées de mener des enquêtes et des poursuites au Royaume-Uni avaient veillé à ce que les auteurs de crimes ne soient pas inquiétés[16] ». Sa conclusion était la suivante : « Il est possible que cette décision suscite le désarroi et provoque la déception de certaines parties prenantes, ou bien qu'elle soit perçue par certains comme une approbation de la démarche adoptée par le Royaume-Uni, toutefois, d'un point de vue technique, les raisons exposées dans le rapport qui accompagne ma décision devraient permettre de tempérer ces impressions[17]. » Elle était donc parfaitement consciente que sa décision, bien que fondée sur des arguments juridiques, pouvait paraître injuste.

Le 2 mars 2022, le procureur de la CPI, Karim Khan, qui avait succédé à Fatou Bensouda, ouvrit une enquête sur renvoi de trente-neuf États parties[18], portant sur l'ensemble des allégations de crimes de guerre, de crimes contre l'humanité et de crimes de génocide commis par quiconque, sur quelque partie du territoire ukrainien que ce soit, depuis le 21 novembre 2013[19].

La CIJ était donc saisie du conflit juridique entre l'Ukraine et la Russie, et la CPI était compétente pour juger les plus hauts responsables, y compris le chef d'État, pour crimes de guerre, crimes contre l'humanité et crimes de génocide, mais cela prendrait du temps. Seul le crime d'agression échappait à sa compétence, or c'est précisément pour ce crime que la responsabilité de Vladimir Poutine pourrait être engagée plus rapidement.

Si, en l'absence d'un tribunal international dédié aux crimes d'agression, Vladimir Poutine, désormais âgé de soixante-dix ans, et que l'on disait malade, restait à jamais impuni, cela pourrait conforter dans leurs projets belliqueux d'autres chefs d'État de tous les continents. Il était urgent de donner au droit les moyens de l'emporter sur la force.

Tribune parue dans le *Journal du Dimanche*, 19 novembre 2022

lancée par Mathilde Philip-Gay, professeure de droit public à l'Université Jean-Moulin-Lyon-III, Pierre-François Laval, professeur de droit à l'Université Jean-Moulin-Lyon-III, Marie-Josèphe Laurent, avocate, bâtonnière du Barreau de Lyon, Olivier Gout, doyen de la Faculté de droit de l'Université Jean-Moulin-Lyon-III, Éric Carpano, professeur de droit et président de l'Université Jean-Moulin-Lyon-III.

Nous juristes, bâtonniers, doyens, présidents et vice-présidents d'université, professeurs de droit, magistrats, avocats, chercheurs au CNRS, soutenons l'initiative engagée par Gordon Brown et Philippe Sands et demandons la création d'un tribunal spécial international pour juger les responsables du crime d'agression commis contre l'Ukraine.

Nous appelons les dirigeants français à rejoindre le mouvement international en faveur de cette création.

Le 17 octobre dernier, Catherine Colonna, ministre de l'Europe et des Affaires étrangères, s'est déclarée ouverte aux « réflexions sur un tribunal ad hoc *», à deux conditions: d'une part, qu'il ait « une valeur ajoutée » et, d'autre part, qu'il soit « créé de façon légitime ».*

Or la valeur ajoutée d'une telle création est indéniable.

Comme l'ont déjà relevé MM. Sands et Brown, la CPI pourra juger des crimes de génocide, des crimes de guerre et des crimes contre l'humanité.

En revanche, le crime d'agression échappe à sa compétence. Cette limite aura pour conséquence l'impunité de ceux qui ont décidé de l'invasion de l'Ukraine.

La guerre actuellement menée contre l'Ukraine est décisive à plus d'un titre pour le droit.

Si le sort des populations et de la nation ukrainiennes demeure la question essentielle, c'est, au-delà, toute la crédibilité, l'efficacité et la légitimité du système juridique international qui se trouvent mises à l'épreuve.

La création de ce tribunal est donc indispensable à la paix future.

La guerre en Irak de 2003, elle aussi manifestement illégale, avait constitué un redoutable précédent. La France s'est honorée lorsqu'elle a dénoncé cette illégalité, même si elle n'a pas réussi à empêcher le déclenchement du conflit.

Ne pas punir cette nouvelle agression, c'est préparer les guerres mondiales de demain et accepter qu'il n'y ait alors plus aucun recours juridique.

Par ailleurs, les différentes solutions envisagées pour la création de ce tribunal spécial international permettent d'en garantir une pleine légitimité. La plupart prévoient l'adoption préalable d'une résolution de l'Assemblée générale des Nations unies, dont la portée symbolique est très forte, puisque s'y trouvent représentés 193 États.

Des solutions existent donc pour contrer la paralysie du Conseil de sécurité par le veto russe et créer une juridiction légitime.

La France du général de Gaulle avait participé au tribunal militaire international de Nuremberg. Depuis, elle n'a cessé d'exercer une influence sur la communauté internationale et sur le droit qui la régit.

La France doit participer à la création du tribunal spécial international. Sinon, ce mouvement se fera sans elle. Nous aurions alors beaucoup à perdre.

Comme Volodymyr Zelensky, nous savons qu'« un jour les étudiants en droit étudieront les décisions de ce tribunal spécial comme sont étudiées les décisions du tribunal de Nuremberg[20] *».*

Sur le continent européen, janvier 2023

En janvier 2023, le projet de tribunal international spécial pour juger les crimes d'agression connut une accélération foudroyante.

Cela faisait déjà trois mois que les Pays baltes avaient réclamé la création d'une telle juridiction et deux mois que Volodymyr Zelensky, présentant au G20 un plan pour la paix, avait annoncé préparer une résolution au sujet d'un tel tribunal qu'il demandait aux États membres de soutenir. Avec mes collègues lyonnais, nous avions lancé une tribune pour que la France rejoigne le mouvement en faveur de ce tribunal spécial et avions été soulagés d'entendre la ministre des Affaires étrangères faire une annonce en ce sens le 30 novembre, quelques heures après la présidente de la Commission européenne. Un mois plus tard, le 30 décembre 2022, Gordon Brown signa une nouvelle déclaration aux côtés de cent autres juristes et dirigeants internationaux, dont je faisais partie. Les 16 et

22 janvier 2023, la ministre des Affaires étrangères allemande, Annalena Baerbock, puis le gouvernement britannique se joignirent à leur tour aux négociations qui allaient se tenir pour parvenir à mettre en place cette juridiction en complément de la Cour pénale internationale.

Cette même semaine, Gordon Brown m'avait écrit qu'il croyait encore pouvoir convaincre les États-Unis de la nécessité de ce tribunal. Il avait repéré des personnalités américaines qui porteraient le projet avec lui. Je lui avais répondu qu'il faisait preuve d'une telle énergie et d'un tel enthousiasme que j'étais certaine qu'il réussirait. Je le pensais vraiment, mais n'imaginais pas que les événements s'enchaîneraient si rapidement : dès le 30 janvier, les États-Unis annoncèrent officiellement qu'ils prendraient part à ces négociations.

RUSSIE, 2023-AFRIQUE, 1990

Le 30 décembre 2022, la porte-parole de Vladimir Poutine avait fait une déclaration pour le moins inhabituelle : « Nos homologues étrangers ne nous envoient aucun vœu. De fait, nous n'avons aucun contact avec eux. Et, compte tenu des actes inamicaux qu'ils entreprennent en permanence, le président ne leur enverra pas de vœux. » Le chef de l'État russe ne souhaita donc une bonne année 2023 qu'à quelques dirigeants triés sur le volet : le président chinois, Xi Jinping, turc, Recep Tayyip Erdogan, syrien, Bachar El-Assad, vénézuélien, Nicolás Maduro et le Premier ministre indien, Narendra Modi. Ce faisant, il révélait les pays susceptibles de l'accueillir s'il devait un jour prendre le chemin de l'exil.

Mais l'exil protège-t-il toujours du glaive de la justice ?

Hissène Habré le pensait, lui qui dirigea le Tchad de 1982 à 1990, avant d'être renversé et de fuir vers le Sénégal. « Arrivé au Sénégal avec un entourage abondant et une fortune qu'il avait vraisemblablement volée durant ses huit années au pouvoir, Hissène Habré s'attira les bonnes grâces de l'élite sénégalaise en distribuant de l'argent aux puissants marabouts islamiques, investissant dans l'immobilier, épousant une Sénégalaise et faisant la cour aux personnes influentes », raconte « le chasseur de dictateurs » américain, Reed Brody. Pendant longtemps, tout se passa au mieux pour l'ancien chef d'État

Lorsqu'il voyage à l'étranger, tout individu incarnant son pays, dont le président, est protégé pour l'ensemble des actes accomplis dans l'exercice de ses fonctions. Il bénéficie de plusieurs immunités. L'une d'entre elles, l'immunité de juridiction pénale, le prémunit contre toute poursuite pénale engagée par des juridictions nationales étrangères, même pour des crimes internationaux[21], alors même qu'il est susceptible d'en commettre lorsqu'il dispose de pouvoirs militaires et civils étendus. En réalité, les juridictions pénales nationales restent compétentes, mais elles ne peuvent prendre aucun acte contraignant à son encontre, comme émettre contre lui un mandat d'arrêt ou le juger. Ainsi, lorsqu'ils se rendent en voyage ou s'exilent dans un pays étranger, ces hauts responsables échappent à l'application des règles juridiques ordinaires, notamment celles qui sont relatives à la compétence des juridictions[22], sous certaines conditions.

Pourquoi la CIJ a-t-elle reconnu une protection qui permet aux dirigeants de commettre des crimes aussi graves sans encourir de sanctions tant qu'ils sont en fonction ? Selon la Cour, cette protection pénale des représentants d'un État contre toute poursuite engagée par un pays étranger ne relève en rien d'un avantage personnel ou d'une règle de courtoisie internationale[23] : elle résulte des principes, fondamentaux en droit international, de souveraineté, d'égalité et d'indépendance des États[24], qui interdisent à tout pays de s'ingérer dans les affaires d'un autre ou de chercher à le déstabiliser en s'en prenant à ceux qui le dirigent[25].

En revanche, lorsque les fonctions du dirigeant prennent officiellement fin dans son pays et qu'il redevient un simple citoyen, il peut alors être appelé à comparaître devant les juridictions nationales d'un pays étranger, mais uniquement pour les actes commis à titre privé[26]. Pour que des juridictions nationales étrangères puissent le juger, il faut qu'il y ait un lien entre l'affaire dans laquelle il est impliqué et leur pays, en raison de la nationalité de la victime ou de l'auteur des faits, ou bien parce que le crime a été commis sur leur territoire. En ce qui concerne la tenue du procès, lorsque l'accusé ne se trouve pas dans le pays qui le poursuit, ce dernier peut émettre un mandat d'arrêt, par exemple un mandat d'arrêt européen s'il se trouve dans l'Union européenne, et, dans le cas où l'arrestation et l'extradition de l'ancien dirigeant n'ont pas pu se faire, un « jugement par défaut », en l'absence de l'accusé, est parfois envisageable.

Au cours du XXe siècle, on a parfois pensé qu'un ancien chef d'État accusé d'avoir déclenché un crime international devait toujours pouvoir être poursuivi, y compris par une juridiction étrangère si celles de son État s'en abstenaient[27]. C'est pourquoi, à la fin des années 1990, des lois et des juges européens commencèrent à remettre en cause les principes de la compétence territoriale et de la compétence personnelle pour le génocide, la torture, les crimes contre l'humanité, les crimes de guerre et les infractions terroristes. Avec un tel raisonnement, les hauts responsables politiques étrangers ne pourraient plus se réfugier dans les pays reconnaissant la compétence universelle.

Ainsi, dans l'affaire Pinochet, le magistrat belge Damien Vandermeersch[28] rendit une ordonnance le 6 novembre 1998. Il y considéra, en vertu du droit belge alors en vigueur, que l'immunité fonctionnelle des chefs d'État ne pouvait s'appliquer aux crimes internationaux[29], tels que les crimes de guerre, les crimes contre la paix et les crimes contre l'humanité, dans la mesure où de tels actes ne sauraient « entrer dans l'exercice normal des fonctions d'un chef d'État, dont l'une des missions consiste précisément à assurer la protection de ses concitoyens[30] ». De même, et toujours à propos de l'affaire Pinochet, l'un des membres de la Chambre des lords, lord Nicholls, considéra qu'il était contraire au droit international d'admettre que les actes de torture et de prise d'otages relevaient des fonctions d'un haut dirigeant politique[31] et qu'il ne pouvait pas alors être protégé. Mais cette ordonnance de 1998 du juge belge, outre le fait qu'elle n'aboutit jamais à un procès contre l'ancien dictateur chilien, ne correspondait pas au droit international en vigueur. Elle s'était vue contredite en février 2002 par un avis de la CIJ[32], qui avait estimé que, en l'état de la coutume internationale[33], aucune règle juridique ne permettait à une juridiction nationale étrangère d'écarter l'immunité d'un ministre des Affaires étrangères ou d'un chef d'État[34] dans l'exercice de ses fonctions pour pouvoir le juger pénalement, sauf si son pays acceptait qu'elle soit écartée – ce qui n'était pas le cas.

Aujourd'hui, cette question de l'immunité, personnelle et fonctionnelle, des dirigeants se trouve à nouveau au cœur des débats visant à savoir si l'on peut juger Vladimir Poutine pour les crimes qu'il a commis contre l'Ukraine. Pour ce qui est des juridictions nationales étrangères, elles ne pourront mettre en cause sa responsabilité que lorsqu'il ne sera plus en fonction, et seulement pour des actes qui auront été reconnus comme commis à titre privé, ceux qui ne sont donc pas accomplis au nom de l'État qu'il dirige. Compte tenu, d'une part, des manœuvres effectuées par le président russe pour se maintenir au pouvoir jusqu'à sa mort et, d'autre part, du temps nécessaire pour établir la responsabilité individuelle d'un dirigeant dans des crimes alors qu'il était en exercice, la voie d'un procès mené contre Vladimir Poutine par une ou plusieurs juridictions nationales semble parsemée d'embûches et risque de n'être pas assez rapide. La volonté de lutter contre l'impunité des plus hauts responsables politiques en faisant obstacle à leurs immunités est l'une des justifications de la mise en place de tribunaux internationaux et de la Cour pénale internationale.

Voilà pourquoi, tant qu'il sera président – et il a tout fait pour pouvoir le rester jusqu'à la fin de sa vie –, Vladimir Poutine sera protégé contre toute poursuite devant des juridictions nationales étrangères pour les crimes qu'il a commis en Ukraine et qui engagent sa responsabilité individuelle. Mais voilà aussi pourquoi une juridiction *ad hoc* pourra le poursuivre à l'instar de Hissène Habré.

Dix ans après avoir trouvé refuge au Sénégal, l'ancien chef d'État y fut inculpé pour les crimes qu'il avait commis au Tchad lorsqu'il en était le dirigeant : crimes de guerre, crimes contre l'humanité et torture. Le Tchad avait levé l'immunité de son ancien président depuis longtemps : un juge d'instruction belge écrivit aux autorités tchadiennes le 27 mars 2002 pour savoir si Hissène Habré « bénéficiait d'une immunité de juridiction en sa qualité d'ancien chef d'État » et se vit répondre par le ministre tchadien de la Justice que la « conférence nationale souveraine tenue à N'Djamena du 15 janvier au 7 avril 1993 avait officiellement levé toute immunité de l'ancien président ».

Le 20 juillet 2015, Hissène Habré comparut pour la première fois devant les Chambres africaines extraordinaires, à Dakar. La Cour avait ordonné sa comparution forcée car elle n'admettait pas de procès en l'absence de l'accusé. Quatre gardes avaient dû le porter, pendant qu'il se débattait vigoureusement, jusqu'au banc où il se trouvait désormais menotté.

Suivant consciencieusement l'exemple de tous les anciens chefs d'État qui l'avaient précédé à la place de l'accusé devant une juridiction internationale, l'ancien dictateur tchadien avait contesté la légitimité du tribunal devant l'huissier qui était venu le chercher : « Ces chambres que j'appelle, moi, "comité administratif extraordinaire", sont illégitimes et illégales. Ceux qui y siègent ne sont pas des juges, mais de simples fonctionnaires, remplissant une mission commandée d'ordre politique. J'ai été illégalement emprisonné à la suite d'un acte de kidnapping et, depuis lors, illégalement détenu. Par conséquent, je n'ai rien à répondre à aucune démarche de ce comité administratif dont l'existence et les activités sont illégitimes et illégales. » Des avocats avaient dû être commis d'office pour assurer sa défense et pour que la procédure puisse continuer[35].

En janvier, l'un des principaux points de débat au sujet du tribunal international spécial qui jugerait peut-être Vladimir Poutine et les autres responsables mis en cause pour le crime d'agression portait sur la possibilité de le juger en son absence. À Nuremberg, l'un des accusés, Martin Bormann, l'avait été, notamment pour crime contre la paix, et fut condamné à être pendu – en réalité il était déjà mort, ce que le TMI* ignorait[36]. Ceux qui étaient favorables à cette solution estimaient qu'il fallait qu'il comparaisse pour que le procès se tienne, pour que les témoins puissent être entendus, pour que les preuves soient examinées. On devait rendre un verdict coûte que coûte, même lorsque les accusés s'étaient réfugiés dans un État complaisant ou qu'ils étaient protégés par leurs réseaux. Selon le droit international pénal, ils avaient droit à un nouveau procès s'ils se présentaient ultérieurement devant la même juridiction[37]. Quant aux autres, ils pensaient que le risque d'un procès en absence était de délégitimer le verdict, de porter atteinte aux droits de la défense et, surtout, de financer un tribunal qui ne serait qu'une coquille vide.

Pour ce qui concerne la juridiction internationale *ad hoc* qui, espérons-le, sera créée au plus vite, en complément de la compétence de la CPI, afin de juger Vladimir Poutine pour crime d'agression contre l'Ukraine, son statut devra donc préciser que la qualité officielle de l'accusé, qu'il soit chef d'État ou de gouvernement, ministre des Affaires étrangères ou haut fonctionnaire, ne l'exonère pas de sa responsabilité pénale.

À plusieurs reprises, par le passé, la Russie a elle-même, en tant que membre permanent du Conseil de sécurité des Nations unies, voté pour que soit écartée l'immunité de dirigeants de diverses nationalités et qu'ils puissent ainsi être jugés en dépit de leur qualité officielle.

Ce fut le cas au procès de Nuremberg, dont le statut précisait que « la situation officielle des accusés, soit comme chefs d'État, soit comme hauts fonctionnaires, ne sera considérée ni comme une excuse absolutoire ni comme un motif de diminution de la peine », y compris pour le crime contre la paix.

Ce fut le cas encore, respectivement en 1994 et en 2002, lorsque la Russie autorisa la création du TPIY et celle du TSSL, dont les statuts comportaient, dans les deux cas, une disposition permettant de juger d'anciens dirigeants malgré leur immunité fonctionnelle.

C'est ce qui se produisit, enfin, lorsque la Russie vota, cette fois en tant que membre de l'Assemblée générale des Nations unies, la résolution de 2002 qui autorisait le procès des anciens dirigeants khmers rouges, chef d'État compris. La Biélorussie s'était alors abstenue[38].

Dès lors, quels arguments juridiques recevables allait bien pouvoir avancer la Russie de Vladimir Poutine en vue de rejeter la création d'un tribunal spécial pour juger le crime d'agression contre l'Ukraine ? Elle avait accepté ces créations de tribunaux spéciaux et les dispositions de leur statut écartant l'immunité comme un droit applicable pour l'ensemble des autres dirigeants européens, africains et asiatiques concernés. Par quelle démonstration fallacieuse essaierait-elle de justifier le fait qu'elle refuse pour ses hauts responsables ce qu'elle avait pourtant voté, à plusieurs reprises, pour ceux d'autres États de tous les continents, de toutes les couleurs de peau, et à toutes les époques ?

2.

La condamnation

> « Pour pouvoir tourner la page, encore faut-il l'avoir lue[1]. »
>
> Louis Joinet.

LYON, LE 25 SEPTEMBRE 2022

Chère Mati,

Aujourd'hui ta fille t'accompagnait, mais je t'ai promis de ne pas trop écrire sur elle.

De toute façon, elle ne veut pas parler de ce qui s'est passé. Elle dit qu'elle ne s'en souvient pas, ou seulement « un peu ».

Je t'ai raconté que lundi dernier, lors d'une cérémonie à l'Université de Lyon, j'avais dit à Philippe Sands que j'étais persuadée que la France finirait par rejoindre le mouvement qu'il avait amorcé en faveur de la création d'un tribunal spécial international pour juger Vladimir Poutine. Lors de sa prise de parole, il avait fortement déploré que la France fût l'un des seuls pays défenseurs du droit international dont pourtant aucun ancien chef d'État ou Premier ministre n'avait signé la tribune qu'il avait lancée. L'honneur n'était sauf que grâce à Robert Badinter, dont je t'ai déjà expliqué qu'il connaissait bien le sens du mot « justice ».

Je t'ai ensuite décrit comment, dès mars 2022, j'avais essayé de contacter certains de ces anciens hauts responsables français. Tu as souri quand je t'ai fait part de l'enthousiasme que mon appel suscitait chez leurs assistantes, chacune d'entre elles me demandant de lui envoyer la tribune au plus vite, pour qu'elle en informe rapidement Bernard Cazeneuve, Édith Cresson ou Jean-Pierre Raffarin, et me promettant avec fougue que j'aurais une réponse le soir même. Ton sourire s'est effacé lorsque je t'ai dit que la réponse n'est jamais venue.

Tu as regretté que ces anciens dirigeants n'aient pas voulu s'associer à la tribune. Tu trouvais violent que l'on refuse ainsi d'aider ton pays. « Qu'est-ce qui fait si peur à vos anciens dirigeants ? D'où vient le blocage en France ? », m'as-tu demandé.

J'ai été incapable de te répondre.

Dans le monde entier, 2022

Le 24 février 2022, quelques heures après que le président russe eut annoncé l'attaque de l'Ukraine, le président Biden avait sans aucun doute à l'esprit l'histoire de son propre pays et sa guerre en Irak, lorsqu'il fit cette prédiction : « Vladimir Poutine va devenir un paria sur la scène internationale. »

George W. Bush avait pris l'habitude d'être interrompu : chaussures, invectives ou même grenades[2], tout était bon pour le faire taire. Il avait échappé à la justice pour les crimes internationaux qu'il avait commis en Irak. Mais on ne lui avait rien pardonné, et il pouvait de moins en moins prendre la parole en public, où que ce soit dans le monde.

Par moments, la contestation semblait s'apaiser, mais les opprobres publics reprenaient, toujours plus nombreux.

C'était le 14 décembre 2008, à Bagdad. Un journaliste de vingt-neuf ans, Mountazer al-Zaïdi, avait lancé ses chaussures sur George W. Bush, alors que ce dernier tenait une conférence de presse en compagnie du Premier ministre Nouri Kamal al-Maliki.

Dix jours plus tôt, le conseil présidentiel irakien avait approuvé un accord de sécurité avec les États-Unis prévoyant notamment le retrait de l'armée américaine de l'ensemble du pays pour la fin 2011. Pour éviter la première chaussure, le président américain fit basculer son corps assez souplement puis, une fois le projectile passé, se redressa en tenant fermement le pupitre des deux mains. Pour éviter la seconde chaussure, il rentra la tête dans les épaules en tendant la main comme un bouclier et reprit sa position initiale, en déclinant l'aide d'un officier de sécurité. En attendant que le lanceur de chaussures soit maîtrisé – et il le fut brutalement –, George W. Bush resta immobile au pupitre. Quand le journaliste fut évacué, le président américain eut un large sourire et déclara : « Cela ne me dérange pas. À propos, ce sont des chaussures de taille 44. » Les rires qui suivirent paraissaient forcés, car, contrairement à ses hôtes, George W. Bush n'avait pas pu comprendre les mots que le journaliste lui avait lancés, en arabe, en même temps que ses chaussures : « C'est le baiser de l'adieu au nom du peuple irakien, espèce de chien ! C'est pour les veuves et les orphelins, et tous ceux qui ont été tués en Irak ! Vous êtes responsable de la mort de milliers d'Irakiens ! »

Le 19 septembre 2021, l'ancien président américain se rendit à Los Angeles pour participer à une table ronde dans le cadre du programme « Les orateurs distingués de Californie du Sud » aux côtés d'autres personnalités. Chaque intervenant devait discourir devant près de deux mille personnes de quatre thèmes : la liberté, l'opportunité, la responsabilité et la compassion. George W. Bush annonça aux organisateurs qu'il expliquerait comment, lorsqu'il était président, il avait fondé ses décisions sur chacun de ces grands principes. Des manifestants l'attendaient devant le théâtre où il devait parler. Ils agitaient des panneaux en scandant des slogans d'abord criés par un vieil homme dans un mégaphone. Une pancarte attirait particulièrement l'attention. Trois fois plus grande que les autres, elle était tenue par un homme dont le bas du visage était masqué par un foulard gris. La peinture rouge dégoulinante avec laquelle les lettres avaient été tracées évoquait le sang : CRIMINEL DE GUERRE.

« Monsieur le Président, quand allez-vous vous excuser pour les millions de personnes qui sont mortes en Irak parce que vous avez menti ? » La salle s'était remplie de murmures : qui osait ainsi interrompre George W. Bush ? L'ancien soldat américain Mike Prysner, qui avait quitté les autres manifestants et était parvenu à s'introduire dans la salle de conférence, hurla alors encore plus fort pour se faire entendre malgré le brouhaha : « Vous avez menti à propos des armes de destruction massive ! Vous avez menti sur les liens avec le 11 Septembre ! Vous avez menti en disant que l'Irak était une menace ! Vous m'avez envoyé en Irak ! Vous m'avez envoyé en Irak en 2003 ! » Deux organisatrices s'étaient précipitées sur l'intrus pour le faire sortir de force, mais il parvint encore à crier : « Mes amis ont été tués ! Vous avez tué des gens ! » Puis : « Vous avez menti ! Un million d'Irakiens sont morts parce que vous avez menti ! Mes amis sont morts parce que vous avez menti ! Vous devez vous excuser ! » Les deux organisatrices réussirent à lui faire perdre l'équilibre et à l'entraîner vers la sortie. Des agents de la sécurité coururent leur prêter main-forte. Mais, en pointant l'index vers George W. Bush, Mike Prysner eut encore le temps d'asséner : « Vous devez vous excuser ! Excusez-vous ! Excusez-vous ! » « EXCUSEZ-VOUS ! » Puis les portes se refermèrent sur l'ancien soldat. Il y eut un moment de silence. George W. Bush était resté parfaitement calme. L'habitude, sans doute.

Le 19 juillet 2022, à Téhéran, le président turc Recep Tayyip Erdogan fit patienter Vladimir Poutine devant les caméras avant de le rejoindre. Cinquante secondes d'attente qui durent paraître très longues au président russe, à en croire son attitude : il resta debout, à parcourir ses notes, puis il joignit les mains devant lui ne sachant manifestement pas où poser son regard. Il finit par se balancer d'un pied sur l'autre, les yeux dans le vague. D'habitude, c'était lui qui utilisait ce procédé lors des rencontres avec ses homologues étrangers. Pour les déstabiliser.

Le 19 septembre 2022, à Londres, les funérailles de la reine Élisabeth II réunirent un nombre record de dirigeants internationaux. Vladimir Poutine ne fut pas invité. Maria Zakharova, la porte-parole du ministère russe des Affaires étrangères, dénonça en cela une décision « profondément immorale » de la part du gouvernement britannique et « particulièrement blasphématoire vis-à-vis de la mémoire d'Élisabeth II ». Et d'ajouter : « Les élites britanniques sont du côté des nazis. »

Le 28 novembre 2022 à Erevan, Nikol Pachinian, le Premier ministre arménien, dont le pays est un allié traditionnel de la Russie, fit tout ce qu'il put pour se tenir aussi loin que possible de Vladimir Poutine sur la photo de groupe. Il tenta de s'écarter discrètement, en crabe, tandis que le président russe agitait les bras pour l'inviter à le rejoindre. Sur la photo, tous les autres chefs d'État semblent se serrer désespérément les uns contre les autres. Un bon mètre sépare Vladimir Poutine du reste du groupe.

« Un paria pour le reste du monde... »

Dallas (Texas), 18 mai 2022

Derrière le grand pupitre de l'institut qui porte son nom, l'un des seuls endroits au monde où il était certain de pouvoir prendre la parole sans qu'on lui lançât une chaussure, une grenade ou des injures, George W. Bush décida de dénoncer la guerre menée par Vladimir Poutine en Ukraine.

En 2014, il avait peint le portrait du président russe, sur un fond couleur glycine. Le tableau avait été exposé pendant deux mois à la Bibliothèque Bush de Dallas.

Lors du vernissage de l'exposition, il fit remarquer qu'il trouvait Vladimir Poutine « de plus en plus tendu » : « Il voit les États-Unis comme un ennemi et le monde comme un endroit où les États-Unis gagnent et la Russie perd, ou *vice versa*. J'ai essayé de lui faire abandonner cette idée. »

Le 18 mai 2022, d'un ton grave et avec toute la solennité dont il était capable, l'ancien président américain dénonça la « décision d'un homme de lancer une invasion totalement injustifiée et brutale de l'Irak ». Se rendant compte de son lapsus, il plissa fortement les paupières et se reprit : « Je veux dire de l'Ukraine. »

PARIS, 25 NOVEMBRE 2022

Madame la professeure Philip-Gay,

À la suite de votre rencontre, Madame la députée vous remercie des arguments en faveur de la création d'un tribunal international spécifique pour l'Ukraine que vous lui avez exposés.

Voici les notes que j'ai prises au cours de votre échange. Pourriez-vous vérifier qu'elles sont exactes ? Comme vous l'aurez compris, ni Madame la députée ni moi ne sommes très familières du droit international.

Respectueusement,

J. L., attachée parlementaire

TRIBUNAL SPÉCIAL POUR L'UKRAINE

1) Compétence pour créer le tribunal spécial

Le Conseil de sécurité

Ce serait à lui de créer le tribunal spécial (chapitre VII de la Charte des Nations unies), mais, par son veto, la Fédération de Russie peut bloquer toute résolution prévoyant une telle création. Tant qu'il n'y aura pas de transition politique, c'est ce qu'elle fera. Il faut donc une autre solution.

L'Assemblée générale

• En l'absence de coopération de la part de la Russie, la création du tribunal pourrait se faire à l'initiative de l'Assemblée générale, à la majorité, sous forme d'une juridiction qui serait soit un « organe subsidiaire basé sur une résolution », soit un « organe autonome basé sur un traité qui serait ouvert à la ratification des États »[3].

• Concrètement, cette résolution autoriserait le Secrétaire général des Nations unies à élaborer un accord international avec, au moins, l'Ukraine, un ou plusieurs États et une ou plusieurs organisations régionales. Par exemple, les Chambres extraordinaires au sein des tribunaux cambodgiens (CETC) ont été créées par l'Assemblée générale après un accord entre l'ONU et le Royaume du Cambodge[4], qui avait lui-même requis l'assistance des Nations unies pour juger ses anciens plus hauts responsables.

• Mais les résolutions de l'Assemblée générale de l'ONU, bien que très importantes sur le plan symbolique, ne sont que des recommandations. Elle n'ont pas force contraignante et font partie de ce que l'on appelle la *soft law*. Seules les résolutions du Conseil de sécurité produisent de la *hard law*.

• Pourtant, dans le cas de l'Ukraine, la compétence de l'Assemblée générale reste fondée. En effet, lorsque le Conseil de sécurité n'est pas en mesure d'agir en raison du veto d'au moins un de ses membres, la résolution « Union pour le maintien de la paix » de 1950 autorise l'Assemblée générale à formuler des recommandations à l'ensemble des membres de l'ONU concernant les mesures collectives à prendre pour maintenir ou rétablir la paix et la sécurité internationales[5]. En outre, la Russie utilise son droit de veto en dehors de sa finalité et d'une manière préjudiciable[6]. Elle est donc dans une situation d'abus de droit[7] ou de détournement de pouvoir[8], ce qui autorise la mise en place de correctifs[9], et en particulier l'action d'un autre organe de l'ONU.

Un accord entre une organisation internationale et l'Ukraine, voire entre un ou plusieurs autres États

• Les Chambres africaines extraordinaires (CAE) qui ont jugé Hissène Habré ont été établies par l'accord entre le Sénégal et l'Union Africaine du 22 août 2012.

• S'agissant du tribunal pour l'Ukraine, l'organisation régionale engagée dans sa création pourrait être l'Union européenne (à laquelle l'Ukraine est candidate) ou le Conseil de l'Europe (dont l'Ukraine est membre et dont la Russie était membre avant d'en être exclue le 16 mars 2022).

• L'idéal serait de légitimer cet accord par le vote de l'Assemblée générale de l'ONU à la majorité la plus large possible. Cela impliquerait de convaincre préalablement les États hésitants.

• L'Assemblée générale pourrait éventuellement demander un avis juridique à la CIJ afin de légitimer le futur tribunal. Un tel avis serait consultatif mais très important pour convaincre de la possibilité de sa création[10].

2) Forme et compétence du tribunal spécial pour l'Ukraine

Elles dépendront des négociations initiales.

• *La juridiction sera nécessairement internationalisée*, car les Constitutions russe et ukrainienne interdisent la création de tribunaux spécialisés internes[11]. Sinon, il faudra réviser la constitution de ces États.

• *Les juges pourront être originaires de plusieurs pays*: d'Ukraine et de pays ou juridictions participant à l'accord.

• *Le droit applicable pourra être le droit ukrainien, conjugué au droit international*, sachant que les droits russe, ukrainien et biélorusse, de même que l'article 8 bis du Statut de la CPI, définissent déjà le crime d'agression.

• *Le statut du nouveau tribunal devra préciser que la qualité officielle de l'accusé, qu'il soit chef d'État ou de gouvernement, ministre des Affaires étrangères ou haut fonctionnaire, ne l'exonère pas de sa responsabilité pénale.*

• *La compétence du tribunal devra être restreinte au seul crime d'agression*, ce qui lui permettra de juger rapidement, car le crime d'agression est plus facile à établir. Cette nouvelle juridiction interviendra alors préalablement à la CPI (et en complément de celle-ci) qui, elle, est compétente pour juger les principaux responsables des autres crimes internationaux.

3) Réponses à certaines critiques et questions

• *Loin d'affaiblir la CPI, le tribunal pour l'Ukraine en renforcera au contraire la compétence.* Il permettra d'appliquer l'interdiction du crime d'agression, incitera les États habituellement réservés au sujet de la justice pénale internationale à la défendre, décuplera l'intérêt de signer le statut de la CPI et/ou les amendements de Kampala. L'idéal serait un accord de coopération entre la CPI et le tribunal spécial pour l'Ukraine.

• Pour ce qui est du financement de ce tribunal spécial, l'exemple des CAE montre qu'il est possible de trouver des fonds pour un tribunal spécial hybride *sans que cela se fasse au détriment de la CPI.* Par exemple, en 2010, le coût prévisionnel du procès d'Hissène Habré fut estimé à 8,6 millions d'euros. Une table ronde des donateurs se tint à Dakar en novembre 2010, réunissant notamment : le Sénégal, la Belgique, l'Union africaine (UA*), l'Union européenne, le Haut-Commissariat des Nations unies aux droits de l'homme et le Bureau des Nations unies pour les services d'appui aux projets. La Belgique, sur le territoire de laquelle des plaintes avaient été déposées contre l'ancien dictateur tchadien et qui avait demandé à trois reprises son extradition, accepta de contribuer à hauteur d'un million d'euros.

• *Certains se prononcent pour un jugement en absence. D'autres s'y opposent* en espérant que l'émission du mandat d'arrêt contre de hauts responsables russes et biélorusses incitera les autorités nationales à remettre ces derniers au tribunal spécial en échange de garanties pour elles-mêmes[12].

• *La Russie a régulièrement accepté, par le passé, que des dirigeants étrangers soient jugés pour des crimes internationaux, y compris pour crime contre la paix.* Elle ne s'est jamais opposée aux tribunaux spéciaux qui ont été mis en place depuis 1945, ni aux dispositions par lesquelles ceux-ci prévoyaient que la qualité officielle des hauts responsables ne les exonérerait pas de leur responsabilité.

• *La CPI peut être saisie par le Conseil de sécurité, au titre du chapitre VII de la Charte, sans l'accord des États concernés.* Lorsqu'il s'agit de faire cesser une menace contre la paix, une rupture de la paix et un acte d'agression, le consentement de l'État agresseur n'a pas à être recherché pour que soient prises des mesures en réaction à l'agression.

4) Conclusion

Il faudra créer au plus vite ce tribunal spécial pour que les hauts responsables les plus âgés n'échappent pas à leur procès par la mort.

Le tribunal spécial pour l'Ukraine n'aura pas le droit à l'échec, car tout insuccès risquerait de convaincre d'autres dirigeants qu'ils ne risquent rien à commettre des crimes d'agression. Ainsi, il devra scrupuleusement respecter les garanties d'un procès pénal. C'est avant tout la paix mondiale de demain qui est en jeu, et non pas seulement le sort individuel des hauts responsables mis en cause pour le crime d'agression commis contre l'Ukraine.

Afrique-France, 15 octobre 2021

En Afrique, aujourd'hui, des voix s'élèvent contre le projet de création d'un tribunal spécial pour l'Ukraine. De manière plus générale, c'est la justice pénale internationale dans son ensemble, accusée d'être l'expression de la domination des puissances occidentales sur le reste du monde, qui se trouve de plus en plus contestée sur le continent africain.

C'était le 15 octobre 2021, plus de quatre mois avant le déclenchement de l'« opération militaire spéciale » de la Russie en Ukraine, à la Maison des enfants d'Izieu dans l'Ain, qui organisait une journée de commémoration à l'occasion des soixante-quinze ans du procès de Nuremberg. J'avais accepté de jouer les modératrices à la demande de Dominique Vidaud, le directeur de la maison. L'après-midi commença par un débat portant sur la question « Une justice internationale est-elle possible ? », entre deux avocats internationaux aussi optimistes et chevronnés l'un que l'autre, Philippe Sands et Xavier-Jean Keita. Me Sands portait un costume européen et des chaussettes de couleurs vives ; il tenait un carnet et un stylo. Me Keita portait un costume africain, avec sur la tête un bonnet de laine assorti ; la Charte des Nations unies reposait sur ses genoux.

« Il y a un très grand problème à La Haye, commença Philippe Sands. Si vous ouvrez le site Internet de la Cour pénale internationale pour regarder l'identité des quarante-six individus qui ont été cités devant la Cour internationale de justice, tous sont noirs, tous sont africains. Les Noirs et les Africains n'ont pas le monopole des crimes internationaux, et cela me gêne beaucoup que la Cour n'en tienne pas compte. Par exemple, l'Afghanistan a ratifié le statut de la CPI en 2002. Il y a plein d'allégations de crimes de tous les côtés : les Talibans, le gouvernement, les États-Unis, les Britanniques. Et pourtant ? Et pourtant rien. Pourquoi ? On sait très bien pourquoi. La réponse, c'est le pouvoir. Certes, la porte est ouverte : petit à petit, on marche dans la bonne direction, mais, à mon avis, cela sera un long voyage. *(Applaudissements dans la salle.)*

– Je vais prendre le rôle de la défense, répondit Xavier-Jean Keita, car je me dois de défendre la CPI. Monsieur Sands, vous savez comme moi comment on saisit la CPI : une initiative du procureur, une initiative d'un État partie qui défère une situation. On n'envoie pas un de ses opposants à la Cour pénale, on défère une situation, et le procureur enquête. Si on prend une photo, en effet, tous ceux qui sont actuellement poursuivis sont africains. Mais moi, en tant qu'Africain, si on permet à mon continent de mettre fin à une certaine impunité, je vais dire "Bravo !". Je ne vais pas dire : "Ah non, allez nettoyer d'autres continents", parce que je sais que mon continent ne pourra se développer que s'il y a la paix. Donc, je ne blâme pas le fait que l'on poursuive en Afrique. La question que je me pose est la suivante : y a-t-il, oui ou non, des victimes en Afrique ? La réponse est oui, il y en a. Alors, assumons ! Et assumons le préambule !

Les trois-quarts des cas pendants devant la Cour ont été déférés par les États africains eux-mêmes : Ouganda, Congo, République centrafricaine, même le Mali, mon autre patrie (puisque je suis sénégalo-malien) est venu à La Haye, la Côte d'Ivoire aussi. Lorsque Ouattara a gagné, il a déféré la situation de 2010 et de 2011, et ce n'est qu'après que la Côte d'Ivoire est devenue partie au traité de Rome. On oublie que celui qui vient d'être acquitté, l'ancien président Gbagbo, que j'ai assisté lors de sa première comparution, avait déjà déféré les faits de 2003, parce que l'on peut accepter la compétence de la CPI sans signer et ratifier son statut. Cela a été fait ! Alors je ne peux pas vous laisser dire cela, qu'il n'y a que des Africains qui sont poursuivis. Ils en ont pris l'initiative, et c'est tant mieux !

Ceux qui le regrettent, c'est parce que les enquêtes remontent jusqu'à eux, mais à nous de leur rappeler que, s'ils sont élus, c'est pour nous protéger. Et moi, en tant qu'Africain, cela va peut-être vous surprendre, mais je suis très fier que ce soient des Africains qui aient maille à partir avec cette justice. » *(Applaudissements.)*

Me Keita n'était pas le seul à tenir ce discours. Du 14 au 16 novembre 2019, à Bamako, le président de la République du Mali, Ibrahim Boubacar Keïta, avait rappelé l'importance de la justice pénale dans la lutte contre l'impunité et réaffirmé son soutien à la CPI. La procureure de la Cour, Fatou Bensouda, elle aussi, déclara, au cours d'un discours remarqué, que les bénéficiaires de la CPI n'étaient pas un peuple, une nation, une région du monde, mais bien l'humanité tout entière.

Au fond, Xavier-Jean Keita et Philippe Sands sont d'accord. Le problème n'est pas que l'on poursuive les dirigeants africains coupables de crimes internationaux, mais que seuls les dirigeants africains soient poursuivis : tous les dirigeants responsables de crimes internationaux doivent être traduits en justice, quelles que soient la couleur de leur peau et la puissance de l'État qu'ils dirigent. Ce jour-là, à Izieu, Me Sands et Me Keita, malgré leur apparent désaccord, appelaient en réalité de leurs vœux la même chose : le respect, d'une part, du principe de responsabilité, selon lequel, lorsqu'un chef d'État ou tout autre haut responsable commet un crime international, il doit en répondre ; et, d'autre part, le respect du principe d'égalité, selon lequel le dirigeant d'une des grandes puissances internationales, fût-elle un des membres permanents du Conseil de sécurité, doit être soumis aux mêmes règles de responsabilité que le chef d'un État de moindre importance sur la scène internationale.

Agir en justice contre Vladimir Poutine, qui dirige l'un des cinq États membres permanents, pour qu'il soit puni de la guerre de colonisation qu'il mène contre l'Ukraine, ferait triompher ces principes fondamentaux du droit international et instaurerait un précédent essentiel : plus aucun dirigeant, fût-il à la tête d'une des plus grandes puissances mondiales, ne pourrait dès lors ignorer les risques pénaux majeurs qu'il encourrait s'il se rendait coupable d'un crime international comme le crime d'agression.

ALGER, 23 MARS 1957-
LYON, 10 DÉCEMBRE 2022

Jusqu'au mois de décembre 2022, la France prônait essentiellement une solution politique à la guerre en Ukraine. Soucieuse de conserver son image de pays des Droits de l'homme, défenseur du droit international, elle concédait que « le jugement des principaux responsables est indispensable et contribue à la paix[13] », mais elle n'en rejoignait pas pour autant le mouvement, qui s'organisait à travers le monde, en faveur de la création d'un tribunal spécial pour juger le crime d'agression contre l'Ukraine. Nombreux étaient ceux qui martelaient que, si l'on voulait assurer la paix mondiale, il serait nécessaire d'accepter de négocier avec la Russie à la fin du conflit. Et qu'il faudrait pardonner. Le mot d'amnistie n'avait pas encore été prononcé, mais il était déjà dans certains esprits.

L'amnistie est une mesure législative, intervenant avant ou après la condamnation, qui efface le caractère pénal de l'acte. Les faits ne sont pas niés, ils ont bien eu lieu, en revanche ils ne peuvent plus être considérés comme un crime, et les acteurs ne peuvent être tenus pour des criminels. C'est une mesure d'oubli, prise par un État ou une institution internationale, à des fins de pacification d'un conflit, voire de réconciliation des parties. Mais quelle paix et quelle réconciliation espérer quand les victimes se voient privées par la loi de toute réparation, à commencer par le fait d'être reconnues comme victimes d'un crime, commis par des criminels ?

De 1962 à 1982, la France avait voté plusieurs lois, émis décrets et ordonnances portant amnistie sur la plupart des actes commis dans le cadre de la guerre d'Algérie, notamment les actes de torture. Plus de crimes, plus de criminels, plus même de victimes. Mais la douleur, elle, ne saurait être effacée.

Nadir est l'ami d'enfance de mon père, son « frère de cœur ». Avec lui nous avons nos traditions, dont celle de suivre ensemble les matches de l'équipe de France de football, dont nous sommes tous de fervents supporters. Nadir est le fils de l'avocat pacifiste Ali Boumendjel, disparu en Algérie en 1957. L'amnistie avait empêché que les responsables soient recherchés, reconnus comme criminels et punis. Ce n'est qu'avec les aveux du général Aussaresses en 2001 que Nadir apprit que son père ne s'était pas suicidé : il avait été torturé et assassiné par l'armée française. Mais, du fait de l'amnistie, cela ne pouvait même pas être désigné comme un crime.

Le 2 mars 2021, le président Macron suivit les recommandations du rapport que lui avait remis l'historien Benjamin Stora. Il reçut à l'Élysée les petits-enfants Boumendjel, dont le fils de Nadir, et reconnut devant eux la responsabilité de la France dans la torture et l'assassinat de leur grand-père. Il déclara alors : « Aucun crime, aucune atrocité commise par quiconque pendant la guerre d'Algérie ne peut être excusé ni occulté. Ils doivent être regardés avec courage et lucidité, dans l'absolu respect de toutes celles et ceux dont ils ont déchiré la vie et brisé le destin. » Il n'y aurait jamais de procès, mais ce fut là, enfin, un acte de réparation : le président de la République française, en parlant sciemment de « crimes », refusait l'oubli et le silence qui avaient été imposés par l'amnistie.

Le 30 novembre 2022, la présidente de la Commission européenne, Ursula von der Leyen, annonça que l'Union européenne allait collaborer avec l'Ukraine et les trente-quatre autres pays qui s'étaient déclarés en faveur du projet pour la création d'un tribunal international spécifique. La France avait enfin fait volte-face : elle devenait ainsi le premier membre permanent du Conseil de sécurité à participer aux négociations pour mettre en place cette juridiction. La France n'excluait toujours pas une solution politique à la guerre en Ukraine, ce qui théoriquement pouvait signifier l'amnistie de certains crimes, et le président Macron continuait à dater le début de l'agression russe contre l'Ukraine du 24 février 2022, en passant sous silence l'annexion de la Crimée en 2014. Mais la France reconnaissait à présent que les principaux responsables des crimes internationaux commis dans le cadre de ce conflit devaient être jugés et que ni Vladimir Poutine ni les plus hauts responsables en cause ne devaient échapper à la condamnation par aucun moyen, pas même par une mesure d'amnistie à visée pacificatrice.

Le soir du 10 décembre 2022, toute ma famille s'était réunie pour suivre le match de quart de finale de la Coupe du monde opposant la France et l'Angleterre. Bien entendu, Nadir était des nôtres. Ce 10 décembre, nous avions tous le cœur en fête : non seulement nous étions ensemble pour soutenir notre équipe préférée, mais c'était aussi le jour du soixante-quinzième anniversaire de la Déclaration universelle des droits de l'homme et du trente-huitième anniversaire de la Convention contre la torture.

Sans doute du fait de l'heureuse coïncidence de ces événements, je réalisai ce soir-là pour la première fois, en regardant mon père et son « frère de cœur » assis côte à côte, rivalisant de cris d'encouragement pour les Bleus, que la passion de Nadir pour l'équipe de France n'allait pas de soi : après tout, soutenir les Bleus, c'était soutenir la France, le pays responsable de la mort de son père et de l'amnistie qui empêcha que cette mort soit reconnue comme un assassinat et que ses auteurs soient jugés et condamnés. Je décidai simplement de l'interroger.

« Nadir, pourquoi soutiens-tu les Bleus ? » Fine mouche, il me répondit du tac au tac : « Ta question ne serait-elle pas plutôt de savoir pourquoi j'aime la France, malgré tout ce qu'elle nous a fait subir à ma famille et à moi ? Attends, je vais te montrer quelque chose. »

Il chercha dans son téléphone une photo qu'il me montra. C'était celle d'une plaque de rue, apposée à Gonesse, commune de la banlieue parisienne :

Allée Ali Boumendjel
24 mai 1919 – 23 mai 1957
Avocat algérien et militant de l'Indépendance
Assassiné par l'armée française

« Tu vois, c'est pour ça que j'aime la France malgré tout, me dit alors Nadir. Le seul pays capable de faire une chose pareille. Tu en connais beaucoup qui rendraient hommage à un homme qu'ils ont assassiné ? Tu vois les Anglais faire cela ? Moi, non. Les Américains ? Franchement, ce serait impossible ailleurs qu'en France. J'ai compris qu'il y avait deux types de Français : les universalistes, d'un côté, et, de l'autre, ceux que j'appelle les "petits", parce qu'ils voient petit et agissent petit. Eux, ils passent leur vie à avoir peur.

– Oui, lui dis-je, c'est comme Poutine, c'est un homme qui a peur. Peur de la démocratie, peur de la transparence, peur de mourir assassiné, peur de passer en jugement. C'est pour ça qu'il est agressif. Avant il craignait de perdre sa place, maintenant il a peur d'avoir à répondre de ses actes.

– Tu as sans doute raison, mais les "petits" ne m'intéressent pas, je ne regarde que les universalistes. Eux, c'est la France que j'aime. Comme ta famille qui a recueilli la mienne. Comme ton arrière-grand-père, qui a démissionné de ses mandats politiques pour protester contre l'utilisation de la torture en Algérie. Regarde bien ce qui est écrit sur la plaque : "Assassiné par l'armée française". C'est reconnu, assumé. Bien sûr, j'aurais préféré que les dirigeants et les responsables militaires de l'époque répondent de leurs actes devant la justice, mais il n'y a que les universalistes français pour faire un geste comme cette plaque. C'est grâce à eux que la France a une grandeur que je n'ai trouvée nulle part ailleurs. »

Wake up Britain !

Article du 5 janvier 2023
par Oleksandra Matviichuk, avocate
et présidente du Centre pour les libertés civiles,
lauréate du prix Nobel de la paix 2022,
et Mathilde Philip-Gay, professeure de droit public
à l'Université Jean-Moulin-Lyon-III[14].

Grande-Bretagne, tu es le berceau de l'État de droit et des droits fondamentaux.

Dans les universités françaises, on enseigne aux étudiants la *Magna Carta* de 1215 et le *Bill of Rights* anglais de 1689, avant même d'étudier la Déclaration française des droits de l'homme et du citoyen de 1789. On leur explique aussi que le principe de responsabilité est né dans votre Parlement.

Grande-Bretagne, tu es la patrie de la justice, et ta participation à la mise en place de la justice pénale internationale a été déterminante.

C'est à Londres, au St James's Palace, qu'a été signée, en 1941, une déclaration plaçant parmi les principaux buts de guerre la punition des responsables de crimes commis dans le cadre de la politique d'agression menée par l'Allemagne nazie. C'est également à Londres, en 1945, qu'a été signé un accord qui a permis la création du Tribunal militaire international de Nuremberg, chargé de poursuivre les principaux dirigeants nazis pour le crime contre la paix que l'on appelle aujourd'hui le crime d'agression.

Grande-Bretagne, tu es le visage du courage.

Personne n'a oublié que, pendant la Seconde Guerre mondiale, Londres a été la capitale de la résistance européenne, accueillant la plupart des gouvernements européens libres, y compris celui de la France. Personne n'a non plus oublié l'attitude de ton peuple lorsque l'Allemagne nazie a voulu vous soumettre.

Après le début des actes d'agression de la Russie, aidée par la Biélorussie, en Ukraine, ton attitude et ton soutien à ce pays attaqué, bombardé et occupé et à sa population civile héroïque ont été exemplaires.

En tant que membre permanent du Conseil de sécurité, tu as condamné à plusieurs reprises et sans équivoque les actions de la Russie ainsi que les horreurs qui ont suivi depuis le 24 février 2022 en les faisant remonter aux attaques antérieures débutant en 2014 contre la Crimée, la ville de Sébastopol et le Donbass.

La Grande-Bretagne est désormais incarnée par deux hommes: l'avocat londonien – et écrivain –, le professeur Philippe Sands KC et ton ancien Premier Ministre Gordon Brown qui ont été les premiers à appeler de leurs vœux la création d'un tribunal international spécial pour juger les responsables du crime d'agression commis en Ukraine.

Leur déclaration de février 2022, qui jette les bases de ce tribunal, a eu un tel impact international que le président ukrainien, Volodymyr Zelensky, et le ministre ukrainien des Affaires étrangères, Dmytro Kouleba, ont demandé la création d'un tel tribunal. Ils sont maintenant soutenus par la Commission européenne et de nombreux États du continent européen, dont les États baltes, la France et les Pays-Bas, qui proposent d'établir le tribunal à La Haye.

Nous sommes à un moment décisif pour le droit et pour la paix mondiale de demain.

La CPI est compétente pour les crimes de génocide, les crimes de guerre et les crimes contre l'humanité commis en Ukraine, mais elle n'est pas et ne peut pas être compétente pour le crime d'agression commis par des ressortissants russes ou biélorusses en Ukraine. Le crime d'agression est proscrit par le droit international ainsi que par les lois nationales de l'Ukraine (et, en l'occurrence, de la Russie et de la Biélorussie).

Si le droit international n'est pas utilisé très rapidement pour rappeler aux dirigeants politiques nationaux de tous les pays que les responsables du crime d'agression en Ukraine seront jugés, nous nous préparerons à de nouvelles guerres, en acceptant qu'il n'y ait pas de recours légal ou de responsabilité malgré les interdictions légales internationales.

Nous savons que tes avocats se mobilisent dans les facultés de droit, les cabinets d'avocats et les tribunaux pour soutenir l'initiative de Philippe Sands et de Gordon Brown, mais ces avocats doivent être rejoints par les dirigeants politiques du pays : il est temps que la Grande-Bretagne rejoigne officiellement les négociations pour la mise en place du futur tribunal.

Un jour, les étudiants en droit international du monde entier étudieront les décisions de ce tribunal spécial aux côtés de celles du tribunal de Nuremberg. Nous ne voudrions pas qu'ils apprennent, en même temps, que la Grande-Bretagne s'est exclue de ce moment décisif du droit international et s'est dérobée à ses importantes responsabilités internationales.

Grande-Bretagne, réveille-toi et rejoins le mouvement qui te doit tant !

Lyon, le 17 janvier 2023

Chère Mati,

Depuis deux mois, le mouvement en faveur de la création du tribunal international spécial s'est vraiment accéléré, et il semblerait que Vladimir Poutine et les principaux responsables du crime d'agression commis contre l'Ukraine finiront par être jugés.

L'Union européenne, la France, l'Allemagne font partie des vingt organisations et États à avoir rejoint les négociations. Nous attendons que la Grande-Bretagne se rallie à eux. J'ai bon espoir.

Je t'écris tout cela parce que notre conversation de tout à l'heure ne s'y prêtait pas. Tu étais toute aux très bonnes nouvelles que les médecins ont données au sujet de ta fille. Il semblerait qu'elle puisse un jour avoir des enfants contrairement à ce qui était à craindre. Tu peux à nouveau rêver à l'avenir : un jour, si elle le souhaite, elle deviendra mère. Et toi grand-mère.

Pour la première fois depuis notre rencontre, nous avons passé un long moment sans évoquer ce qu'a fait le soldat. Tu n'as pas parlé du « monstre ». Un jour, je l'espère, il ne vous hantera plus, et, sans oublier pour autant, vous pourrez vivre vos vies, en ne pensant plus en permanence à cette horreur. Il est probable que ta fille ne parlera jamais à ses enfants et ses petits-enfants de ce qui lui est arrivé. Le silence est assez fréquent chez les survivants.

Grâce aux procès qui, j'en suis certaine à présent, finiront par se tenir devant les juridictions internationales et nationales, vos descendants, eux, pourront, s'ils le souhaitent, prendre connaissance du crime ignoble commis contre leur mère et grand-mère quand elle n'était encore qu'une enfant.

Grâce au verdict rendu par le tribunal international spécial, ils comprendront que le soldat qui s'est rendu coupable de cet acte abominable n'en était toutefois pas le seul responsable : toute une chaîne de responsabilités y a mené, au sommet de laquelle se trouvait le président de la Fédération russe, coupable de crime d'agression contre l'Ukraine.

Et ainsi, ils sauront qu'ils vivent dans un monde où les criminels, fussent-ils dirigeants des États les plus puissants, n'échappent jamais à la justice.

Conclusion

Stoddard, frêle et pacifique homme de loi, n'avait aucune chance contre Liberty Valance, le violent criminel. Et pourtant, c'est ce dernier qui s'écroula. Grâce à un tireur embusqué.

Dès le commencement de la nouvelle guerre d'agression russe menée en Ukraine, s'embusquait, à Londres, un tireur redoutable pour sauver le droit : Philippe Sands trouva la solution juridique pour juger les responsables du crime d'agression commis contre l'Ukraine seulement quelques jours après le début de l'intervention militaire de 2022.

Très vite, il fut rejoint dans son combat par Gordon Brown, décidé à ce que le crime d'agression fût désormais puni, puis par une dizaine de juristes. Nous fûmes ensuite une cinquantaine de personnes : anciens dirigeants, juristes, hommes et femmes de lettres et du septième art.

Puis, au nom du droit, d'autres tireurs s'embusquèrent peu à peu en Ukraine, dans les États menacés par la Russie, chez leurs voisins, et finalement dans le monde entier. Aux armes de guerre russes, tous répliquaient et opposaient le droit et la justice. Grâce aux juristes engagés, ils avaient pu dégainer beaucoup plus rapidement que d'habitude.

Le droit allait enfin l'emporter sur la barbarie.

Vladimir Poutine est susceptible de comparaître devant une juridiction internationale, avec les autres responsables russes de la guerre en Ukraine, d'abord, devant un tribunal spécial pour crime d'agression, ensuite, devant la CPI pour les autres crimes internationaux.

Le 17 mars 2023, le procureur de la CPI a annoncé qu'un premier mandat d'arrêt venait d'être émis contre Vladimir Vladimirovitch Poutine « pour crime de guerre de déportation illégale de population (enfants) et de transfert illégal de population (enfants) des zones occupées d'Ukraine vers la Fédération de Russie[1] ». « Dans le cadre de la situation en Ukraine », il devenait le second chef d'État, après le président soudanais Omar el-Béchir, à être poursuivi par la CPI.

Le moment était historique : c'était la première fois que le dirigeant d'un membre du Conseil de sécurité était mis en cause. Quelques jours plus tard, le journal *Le Monde* titrait : « La justice internationale a réussi à faire de Vladimir Poutine un paria ». Le spectre d'une amnistie s'éloignait : les plus hauts responsables, au moins, seraient jugés.

Certains juristes se montraient pourtant pessimistes quant à la possibilité d'arriver un jour à un véritable jugement du chef de l'État russe au sein de cette Cour. Ils rappelaient qu'en juin 2011 un mandat d'arrêt avait été émis contre Mouammar Kadhafi, pour des crimes contre l'humanité présumés commis sur le territoire de la Libye, mais que l'ancien dictateur libyen était décédé peu après, le 20 octobre 2011, et qu'aucun autre mandat d'arrêt contre des personnalités libyennes n'avait été exécuté jusqu'à présent ; pourtant, c'était le Conseil de sécurité lui-même, dont la Russie, qui était à l'origine de la saisine et la Libye avait été annoncée comme une priorité du Bureau du procureur.

Quant aux juristes qui s'étaient opposés à la création d'un tribunal *ad hoc*, ils déclaraient qu'ils avaient toujours cru que, même si les procédures devant la CPI étaient longues et n'aboutissaient pas chaque fois, elle était la seule juridiction à pouvoir juger le chef d'État de la Fédération de Russie.

Nous étions un certain nombre à nous demander pourquoi le mandat d'arrêt émis par la CPI contre Poutine était limité à un seul des multiples crimes susceptibles de lui être reprochés, aussi horrible soit-il. Un crime commis contre des enfants ne peut laisser indifférent, mais celui commis contre ceux d'Ukraine ne représente malheureusement qu'une petite fraction des multiples crimes de guerre imputables aux responsables russes, sans oublier d'autres crimes contre l'humanité susceptibles aussi d'être établis. Le procureur avait-il demandé en vain aux juges que d'autres crimes lui soient imputés ? N'était-ce pas une opération symbolique et de vaine concurrence destinée à contrer le mouvement en faveur d'un jugement du crime d'agression ?

En réalité, le mandat d'arrêt émis par la CPI contre Vladimir Poutine le 17 mars 2023 n'a pas remis en cause la nécessité d'une juridiction spéciale en complément de la Cour, bien au contraire. L'Ukraine, les pays et les organisations mobilisées continuent à tout mettre en œuvre pour sa création, qui permettra de renforcer les possibilités de parvenir à un jugement des plus hauts responsables de la guerre en Ukraine.

Les enquêtes pour les autres crimes de guerre et crimes contre l'humanité qui peuvent être reprochés à Vladimir Poutine devant la CPI vont être longues, alors même qu'à soixante-dix ans il serait de santé fragile.

Engager sa responsabilité pour crime d'agression, c'est donc se donner une chance supplémentaire de faire justice dans un délai plus court que celui d'un procès devant la CPI ; c'est réaffirmer les règles applicables et rappeler que la décision criminelle de déclencher l'intervention militaire de

2022 est la source de tous les autres crimes. La question qui se pose est celle de la forme que prendra cette juridiction. Le 27 mars 2023, les États-Unis annoncent qu'ils souhaitent un tribunal ukrainien internationalisé, bien que l'article 125 de la Constitution ukrainienne l'interdise. Cette solution s'explique par leur méfiance envers la justice pénale internationale, la même qui a permis à George W. Bush de ne pas être jugé. Elle est moins satisfaisante que celle d'un véritable tribunal international, légitimé par l'Assemblée générale des Nations unies, devant lequel l'immunité des chefs d'État ne s'applique en aucun cas.

L'impunité serait insupportable.

Ce serait accepter que les dirigeants des grandes puissances mondiales puissent, sans crainte, coloniser ou recoloniser, et décider de briser la vie de millions de personnes, du fait de leur seule soif de puissance. Ce serait oublier les raisons pour lesquelles la justice pénale internationale a été créée. Ce serait fonder à nouveau l'ordre international sur la force militaire et non sur le droit.

Non seulement Vladimir Poutine peut être jugé, mais il doit l'être.

Établissement d'un tribunal spécial international pour l'Ukraine

Chronologie

24 février 2022 : Vladimir Poutine annonce une « opération spéciale » en Ukraine.

25 février 2022 : Un projet de résolution déplorant l'offensive militaire russe en Ukraine et demandant le retrait immédiat des troupes russes est présenté par les États-Unis et l'Albanie au Conseil de sécurité de l'ONU.
Il est rejeté par le Conseil de sécurité de l'ONU en raison du veto de la Russie, qui en est membre permanent.
La Russie est la seule à voter contre – la Chine, les Émirats arabes unis et l'Inde s'abstiennent.

28 février 2022 : Philippe Sands écrit une tribune dans le *Financial Times* intitulée « *Putin's Use of Military Force Is a Crime of Aggression* » (« Le recours de Poutine à la force est un crime d'agression »).

Le juriste y propose notamment de créer un tribunal pénal international afin d'enquêter et de juger les principaux responsables de ce crime.

2 mars 2022 : L'Assemblée générale des Nations unies adopte une résolution déplorant « dans les termes les plus énergiques l'agression commise par la Fédération de Russie » contre l'Ukraine et exigeant que celle-ci retire immédiatement ses forces militaires du territoire ukrainien.
Le texte est adopté par cent quarante et un votes pour, cinq votes contre (Russie, Bélarus, Érythrée, Corée du Nord et Syrie). Trente-cinq États s'abstiennent.

4 mars 2022 : *Le Monde* publie une traduction en français de la tribune du 28 février signée par Philippe Sands et Gordon Brown, auxquels se joignent trente-sept juristes et écrivains.

28 avril 2022 : La résolution n° 2436[1] de l'Assemblée parlementaire du Conseil de l'Europe (APCE) adoptée à l'unanimité (et une abstention) appelle la création d'un tribunal pénal international *ad hoc*.
Cette résolution préconise d'établir le futur tribunal à Strasbourg et de lui donner « mandat d'enquêter sur le crime d'agression qui aurait été commis par les dirigeants politiques et militaires de la Fédération de Russie et d'en poursuivre les auteurs », en appliquant la définition du crime d'agression « telle qu'établie par le

droit international coutumier », c'est-à-dire non limitée par l'immunité des États ou des chefs d'État et de gouvernement, et autres représentants de « l'État ».

13 mai 2022 : L'Ukraine réclame officiellement la création d'un tribunal spécial chargé de juger l'agression qu'elle subit de la part de la Russie.

4-17 mars 2022 : Près de cent cinquante personnalités du monde entier signent à leur tour la tribune de Philippe Sands et Gordon Brown. En France, des juristes s'y associent, mais aucun ancien président de la République, Premier ministre ou ministre ne la signe, à l'exception de Robert Badinter.

12 octobre 2022 : L'Assemblée générale des Nations unies condamne les annexions illégales de territoires ukrainiens par la Russie. Cent quarante-trois États votent en faveur de cette résolution.

21 octobre 2022 : Les Pays baltes réclament la mise en place d'un tribunal spécial pour juger les crimes d'agression contre l'Ukraine commis par la Russie, reprenant ainsi une demande de Kiev, au second jour d'un sommet des Vingt-Sept à Bruxelles.

25 octobre 2022 : La ministre des Affaires étrangères française, Catherine Colonna, se prononce contre la création d'un tribunal pénal international mais laisse la porte ouverte à cette

idée : « Nous pouvons envisager la possibilité d'outils supplémentaires qui n'existent pas à l'heure actuelle et qui devraient avoir une valeur ajoutée au système judiciaire international existant. »

5 novembre 2022 : Le ministre des Affaires étrangères de la République tchèque, Jan Lipavský, annonce sur Twitter avoir eu une conversation téléphonique avec son homologue française au sujet de l'établissement d'un tribunal spécial pour le crime d'agression contre l'Ukraine. Comme le montre son compte Twitter, il a eu de précédents échanges à ce sujet avec plusieurs ministres des Affaires étrangères en Europe, notamment celui de la Suède le 24 octobre et celui de la Lituanie le 25 octobre.

14 novembre 2022 : L'Assemblée générale des Nations unies adopte, à l'initiative de l'Ukraine, du Canada, des Pays-Bas et du Guatemala, la résolution « Agression contre l'Ukraine : recours et réparation ». Cette résolution est adoptée avec quatre-vingt-quatorze voix. Outre la Russie, parmi les quatorze pays qui ont voté contre, figurent la Chine, Cuba, le Mali et l'Éthiopie. Soixante-treize pays se sont abstenus, dont le Brésil, Israël, l'Inde et de nombreux pays africains.

15 novembre 2022 : Volodymyr Zelensky présente au G20 un plan pour la paix en dix points. Dans son septième point, il demande l'établissement

du tribunal spécial pour le crime d'agression. Il annonce qu'il prépare une résolution au sujet de ce tribunal et demande aux États présents de la soutenir.

19 novembre 2022 : Publication dans *Le Journal du Dimanche* de la tribune des juristes français appelant la France à rejoindre le mouvement en faveur d'une juridiction spéciale, à l'initiative de Mathilde Philip-Gay, de la bâtonnière de Lyon, du président et du doyen de la faculté de droit de l'Université Jean-Moulin-Lyon-III.
Elle est signée par des professeurs de droit, des avocats, des anciens magistrats et des essayistes.

28 novembre 2022 : L'ambassadeur d'Ukraine pour le droit international humanitaire, Anton Korynevitch, participe à une réunion avec des responsables politiques français, des représentants des ministères de la Justice et des Armées, et des juristes au sujet de la création du tribunal spécial pour le crime d'agression contre l'Ukraine. Cette réunion est organisée, à la demande de la présidence d'Ukraine, par le *think tank Synopia*.

30 novembre 2022, un jour décisif pour trois raisons :
– La présidente de la Commission européenne, Ursula von der Leyen, propose la mise en place d'un tribunal spécial soutenu par l'ONU.
– Une résolution du Parlement français affirme le soutien de l'Assemblée nationale à l'Ukraine et

condamne la guerre menée par la Fédération de Russie depuis le 24 février 2022, guerre qu'elle qualifie à son tour d'« agression militaire ». Cette résolution invite l'Union européenne et ses États membres à continuer de soutenir sans retenue la CPI « dans son travail d'enquête sur tout possible crime de guerre ou crime contre l'humanité commis sur le territoire ukrainien, depuis le début de l'agression, afin que les coupables de tels crimes puissent être jugés par la Cour pénale internationale ou, le cas échéant, par un tribunal *ad hoc* à l'issue du conflit ».
– La ministre des Affaires étrangères française Catherine Colonna annonce que la France rejoint les négociations en faveur du tribunal spécial.

5 décembre 2022 : Karim Khan, procureur de la CPI, se prononce contre l'établissement de ce tribunal et demande à la communauté internationale de se concentrer sur le soutien – et le financement – de sa juridiction et de son enquête sur les crimes de guerre et les crimes contre l'humanité en Ukraine.

30 décembre 2022 : L'ancien Premier Ministre britannique Gordon Brown appelle à la création d'un tribunal spécial dans une nouvelle déclaration signée par cent juristes et leaders internationaux. Les signataires souhaitent que la Grande-Bretagne rejoigne les négociations en faveur de ce tribunal pour l'Ukraine.

16 janvier 2022 : La ministre des Affaires étrangères allemande Annalena Baerbock appelle à la création d'un tribunal spécial, après en avoir parlé avec son homologue ukrainien Dmytro Kouleba. Elle requiert que cette juridiction prenne une forme internationale et soit en mesure d'enquêter sur les dirigeants russes puis de les juger.

19 janvier 2023 : Les députés du Parlement de l'Union européenne « exhortent l'Union et ses États membres, en étroite coopération avec l'Ukraine et la communauté internationale, à faire pression en faveur de la création d'un tribunal international spécial chargé de poursuivre le crime d'agression contre l'Ukraine commis par les dirigeants politiques et militaires de la Fédération de Russie et ses alliés ».

20 janvier 2023 : Le gouvernement britannique annonce qu'il se joint aux négociations.

26 janvier 2023. Deux événements importants :
– Oleksandra Matviichuk, prix Nobel de la Paix 2022, plaide devant l'Assemblée parlementaire du Conseil de l'Europe pour l'instauration d'un tribunal international pour juger le crime d'agression de la Russie contre l'Ukraine.
– Le ministre des Affaires étrangères de l'Ukraine Dmytro Kouleba annonce que son pays réunit à Prague les représentants de vingt États membres du groupe restreint sur la création du tribunal spécial pour le crime d'agression contre l'Ukraine.

28 janvier 2023 : Didier Reynders, le commissaire européen chargé de la Justice, affirme devant les ministres de la Justice de l'Union européenne qu'un parquet international chargé de rassembler des preuves du crime d'agression commis par la Russie en Ukraine peut être établi rapidement à la Haye, au siège d'Eurojust, et que cela constituerait une première étape en vue de la mise en place d'un tribunal spécial.

Lexique des principales juridictions, organisations et institutions citées

Chambres africaines extraordinaires (CAE)

Tribunal pénal spécial, à la fois national et international, établi par l'accord entre le Sénégal et l'Union africaine du 22 août 2012, pour poursuivre les auteurs des crimes internationaux commis entre 1982 et 1990, sous le régime de l'ancien dictateur tchadien Hissène Habré qui s'était réfugié au Sénégal. Cette juridiction a été créée après que la Cour internationale de justice a jugé que le Sénégal devait soit poursuivre Hissène Habré, soit l'extrader[1]. Conformément à son statut du 30 janvier 2013, elle a pris la forme de quatre chambres intégrées aux juridictions sénégalaises et composées de magistrats eux-mêmes sénégalais.

Le 30 mai 2016, l'une des Chambres a condamné Hissène Habré à la réclusion criminelle à perpétuité pour crimes contre l'humanité, crimes de guerre et crimes de torture. Le 27 avril 2017, la Chambre d'assises d'appel a confirmé cette condamnation ainsi que l'obligation pour l'ex-chef d'État d'indemniser ses victimes. Hissène Habré est mort en détention en 2021.

Chambres extraordinaires au sein des tribunaux cambodgiens (CETC)

Tribunal pénal spécial, à la fois national et international, créé en 2003 par l'ONU et le Gouvernement royal cambodgien[2], constitué de trois Chambres chargées de juger les anciens hauts dirigeants khmers rouges pour leurs crimes commis entre le 17 avril 1975 et le 6 janvier 1979.

Parmi les accusés se trouvait Khieu Samphân, l'ancien chef d'État du Kampuchéa démocratique, qui fut condamné le 7 août 2014 à la réclusion criminelle à perpétuité pour crimes contre l'humanité. Le 16 novembre 2018, il fut de nouveau condamné à la même peine pour crimes de génocide, crimes contre l'humanité et violations graves des conventions de Genève de 1949. Les Chambres ont rendu leur dernier arrêt le 22 septembre 2022 pour confirmer la condamnation de Khieu Samphân.

Conseil de l'Europe

Organisation européenne siégeant à Strasbourg, créée le 5 mai 1949 pour préserver la paix par la démocratie et l'État de droit, le pluralisme et les libertés fondamentales.

Le Conseil de l'Europe regroupe quarante-six États, dont les vingt-sept de l'Union européenne.

Depuis la décision du Comité des ministres du 16 mars 2022, la Fédération de Russie n'en est plus membre.

Convention de sauvegarde des droits de l'homme et des libertés fondamentales, ou Convention européenne des droits de l'homme (Convention EDH)

Traité adopté dans le cadre du Conseil de l'Europe et complété par quinze protocoles, qui proclame des droits et des libertés que les États parties s'engagent à respecter pour toute personne relevant de leur juridiction. C'est le cas, notamment, des droits à la vie, à un procès équitable, au respect de la vie privée et familiale, au respect des biens, ainsi que de l'interdiction de la torture et des peines ou traitements inhumains ou dégradants, de la peine de mort ou encore de la détention arbitraire et illégale.

Cour européenne des droits de l'homme (CEDH)

Juridiction siégeant à Strasbourg depuis 1959, compétente pour statuer sur toutes les requêtes de particuliers ou d'États qui allèguent une violation de droits ou de libertés proclamés par la Convention européenne des droits de l'homme contre un État ayant ratifié cette convention.

Cour internationale de justice (CIJ)

Principale juridiction des Nations unies, siégeant à La Haye ; elle règle des différends entre États. Cette cour peut aussi donner un avis consultatif sur une question de droit à certaines institutions spécialisées ou organes de l'Organisation des nations unies (ONU).

Cour pénale internationale (CPI)

Première juridiction pénale internationale permanente, elle siège à La Haye et est compétente pour juger les crimes de guerre, les crimes contre l'humanité, les crimes de génocide et les crimes d'agression perpétrés depuis le 1er juillet 2002.

Elle peut être saisie par des États, par le Conseil de sécurité des Nations unies ou à l'initiative de son procureur.

Cent vingt-trois pays ont ratifié son statut.

Eurojust, ou Agence de l'Union européenne pour la coopération judiciaire en matière pénale

Agence basée à La Haye qui regroupe l'ensemble des États membres de l'Union européenne, à l'exception du Danemark, et des pays partenaires (dont l'Ukraine). Sa mission principale est d'aider à combattre le terrorisme et les formes graves de criminalité organisée, en facilitant la coopération entre les autorités judiciaires des États participants et en coordonnant leurs enquêtes et leurs poursuites. Elle accueille aussi les secrétariats du réseau

Génocide consacré aux enquêtes et aux poursuites pénales relatives aux génocides, ainsi qu'aux crimes contre l'humanité et aux crimes de guerre.

Après la découverte de dizaines de corps de civils le 31 mars 2022 à Boutcha, l'Union européenne a mis à disposition Eurojust pour participer aux enquêtes ouvertes par l'Ukraine et la CPI.

Organisation des Nations unies (ONU)

Organisation internationale à vocation universelle, fondée en 1945, notamment pour maintenir la paix et la sécurité internationales. Son fonctionnement et les principes qu'elle applique figurent dans la Charte des Nations unies. Elle compte aujourd'hui cent quatre-vingt-treize pays membres.

Organisation pour la sécurité et la coopération en Europe (OSCE)

Forum de dialogue entre les États et de négociations diplomatiques sur la sécurité et la paix, qui repose sur le principe d'égalité entre ses membres.

Le « mécanisme de Moscou » de l'Organisation pour la sécurité et la coopération en Europe vise à enquêter sur les allégations de graves violations des engagements pris par ses États membres et à faire des préconisations pour y remédier.

Organisation du traité de l'Atlantique Nord (OTAN)

Organisation reposant sur une alliance militaire construite dans le contexte de la guerre froide.

Composée de trente et un États membres (depuis l'entrée de la Finlande le 4 avril 2023), elle reste ouverte à « tout autre État européen susceptible de favoriser le développement des principes [du Traité signé le 4 avril 1949] et de contribuer à la sécurité de la région de l'Atlantique Nord ».

Depuis la fin de l'URSS, elle s'est élargie à plusieurs pays de l'est de l'Europe. Un Partenariat pour la paix (PPP) a été établi à partir de 1994 avec la Fédération de Russie et vingt autres États d'Europe de l'Est et du Sud-Est, du Sud-Caucase, d'Asie centrale et d'Europe occidentale.

La France est un des États fondateurs de l'OTAN. En 1966, sous la présidence du général de Gaulle, elle a quitté l'organisation militaire intégrée de l'Alliance mais en est à nouveau membre à part entière depuis 2009.

Tribunal militaire international de Nuremberg (TMI)

Juridiction internationale spéciale créée le 8 août 1945 par l'accord de Londres signé par les États-Unis, le Royaume-Uni, l'URSS et la France. Du 20 novembre 1945 au 1er octobre 1946, ce tribunal militaire a jugé vingt-deux hauts responsables nazis pour conjuration, crime de guerre, crime contre la paix (l'ancêtre du crime d'agression) et crime contre l'humanité. Hitler, Himmler et Goebbels s'étaient suicidés avant la tenue du procès, mais les anciens ministres Hermann Göring et Joachim von Ribbentrop comptaient parmi les condamnés.

Tribunal pénal international pour le Rwanda (TPIR)

Juridiction internationale spéciale qui siégeait à Arusha en Tanzanie et dont la chambre d'appel se trouvait à La Haye aux Pays-Bas. Elle a été créée par la résolution 955 du Conseil de sécurité de l'ONU en date du 8 novembre 1994[3] pour poursuivre et juger les personnes présumées responsables d'actes de génocide ou d'autres violations graves du droit international humanitaire sur le territoire du Rwanda et de ses voisins entre le 1er janvier et le 31 décembre 1994. Ses travaux ont été clôturés le 31 décembre 2015.

Tribunal pénal international pour l'ex-Yougoslavie (TPIY)

Juridiction internationale spéciale qui siégeait à La Haye aux Pays-Bas. Elle a été créée le 25 mai 1993 par la résolution 827 du Conseil de sécurité de l'ONU pour connaître, poursuivre et juger les « personnes présumées responsables de violations graves du droit humanitaire international commises sur le territoire de l'ex-Yougoslavie » à partir du 1er janvier 1991[4].

Ce tribunal a mis en accusation Slobodan Milosevic pour des crimes commis au Kosovo, alors qu'il était président de la République fédérale de Yougoslavie, mort en prison avant la fin de son procès.

Il a été dissous le 31 décembre 2017.

Tribunal spécial pour la Sierra Leone (TSSL)

Juridiction pénale spéciale créée par l'accord du 16 janvier 2002 entre l'ONU et le gouvernement sierra-léonais[5] pour juger les principaux responsables de crimes contre l'humanité, crimes de guerre et certains crimes prévus par le droit sierra-léonais commis depuis le 30 novembre 1996.

Intégré au système judiciaire de la Sierra Leone, ce tribunal avait donc son siège dans le pays même où avaient été perpétrés les crimes dont il jugeait les auteurs présumés.

Il a notamment mis en cause Charles Taylor, le chef d'État du Liberia, alors qu'il était encore en exercice et l'a condamné en 2012.

Cette juridiction a cessé ses activités en 2013.

Union africaine (UA)

Organisation régionale créée en 2002 pour succéder à l'Organisation de l'unité africaine, elle compte désormais cinquante-cinq États membres. Elle a pour objectifs d'approfondir l'unité, la solidarité et la coopération entre les pays et entre les peuples d'Afrique, de préserver leur indépendance et leur développement, de garantir la paix, la sécurité et la stabilité sur le continent africain et d'y promouvoir la démocratie et les droits fondamentaux.

Notes

Introduction (p. 7-11)

1. Les crimes de guerre sont des violations graves des lois et coutumes de la guerre, commises durant un conflit armé et en lien avec celui-ci par des militaires ou bien des civils ayant un lien avec l'armée – comme la torture, le meurtre, le fait de lancer des attaques délibérées contre les civils ou le pillage d'une ville. Pour une liste plus précise, voir l'article 8 du Statut de la Cour pénale internationale et les Conventions de Genève du 12 août 1949.
2. Les crimes contre l'humanité sont des actes violents, tels que le meurtre, la torture ou le viol commis dans le cadre d'une politique à grande échelle en temps de paix ou en temps de guerre. Ils doivent avoir été perpétrés dans le cadre d'une « attaque généralisée ou systématique lancée contre une population civile et en connaissance de cette attaque ». L'auteur du crime contre l'humanité doit savoir que les actes qu'il commet s'inscrivent dans cette attaque généralisée ou systématique. Pour une liste plus précise de ces actes, voir l'article 7 du Statut de la CPI.
3. Les actes de génocide sont commis dans le but de faire disparaître un groupe de la surface de la terre, ou de l'assi-

miler à un autre. D'après l'article 6 de la CPI, ils doivent être perpétrés « dans l'intention de détruire, en tout ou en partie, un groupe national, ethnique, racial ou religieux, comme tel ». Depuis 1948, la répression du génocide est une obligation, en temps de paix comme en temps de guerre, mais c'est un crime très difficile à établir. Il a longtemps été baptisé le « crime des crimes », avant que des professeurs de droit ne reprennent récemment cette expression pour l'appliquer au crime d'agression.

4. Déclaration relative aux principes du droit international touchant les relations amicales et la coopération entre les États conformément à la Charte des Nations unies, résolution 2625 (XXV) du 24 octobre 1970.
5. Pour une définition plus précise, voir l'article 8 bis du Statut de la CPI.
6. En 2010, les amendements de Kampala ont introduit la définition de ce crime dans le statut de la CPI et ont déterminé les conditions de la compétence de la Cour, qu'elle peut exercer depuis le 17 juillet 2018.
7. D'après l'article 15 bis du Statut de la CPI (§5), la Cour ne peut pas juger de crime d'agression commis par le ressortissant d'un État non partie. Or ni la Biélorussie, ni la Russie, ni l'Ukraine n'ont ratifié ce Statut.
8. Ainsi, dans l'*Iliade*, Achille compare la cité de Troie, inviolée jusqu'à son arrivée, à une femme à laquelle il arrachera son voile et qu'il possédera : « J'ai traversé des jours sanglants à guerroyer, à lutter contre d'autres hommes afin de leur prendre leurs femmes » (IX, 327).
9. Pour ne pas tout raconter de ce film qu'il faut voir en entier, on précisera seulement que Stoddard a fait des études de droit et qu'il travaille comme cuisinier au saloon.

I.
HOMMES ET FEMMES DE LOI

1. Poursuivre (p. 15-50)

1. Aude Merlin et Anne Le Huérou, « Le conflit tchétchène à l'épreuve de la reconnaissance », *Cultures & Conflits*, n° 87, 2012, p. 47-68.
2. Plusieurs centaines d'arrêts furent rendus par la CEDH, condamnant la Russie pour les violations des droits fondamentaux en Tchétchénie. L'avocat Stanislav Markelov, très engagé dans les procédures devant les tribunaux russes, a été assassiné en janvier 2009.
3. Les pays suivants ont aussi envoyé des troupes : l'Albanie, l'Azerbaïdjan, la Bulgarie, la Corée du Sud, la Géorgie, la Mongolie, la Roumanie, le Salvador ; et dans une moindre mesure, avec très peu de militaires : l'Arménie, la Bosnie-Herzégovine, le Danemark, l'Estonie, le Kazakhstan, la Lituanie, la Macédoine, la Moldavie et la République tchèque.
4. Cité par Félix Turcotte, « Il y a 10 ans : le cirque du procès de Saddam Hussein », *Perspective monde*, 1er novembre 2016, https://perspective.usherbrooke.ca/bilan/servlet/BMAnalyse/2384.
5. La Convention contre la torture et autres peines ou traitements cruels, inhumains ou dégradants, entrée en vigueur le 26 juin 1987, a été signée par les États-Unis le 18 avril 1988. Ils l'ont ensuite ratifiée le 21 octobre 1994.
6. D'après les déclarations de George W. Bush en 2001. Jan Krauze, « Bush-Poutine, les yeux dans les yeux », *Le Monde*, 1er juillet 2001.
7. Interview de George Bush par Jenna Bush Hager, 4 avril 2014, NBC.
8. *Ibid.*
9. *Ibid.*

10. Selon certains historiens du droit, les prémices du droit international remontent aux relations entre les entités politiques qui ont précédé les États (voir par exemple, Dominique Gaurier, *Histoire du droit international*, Presses universitaires de Rennes, 2014). D'autres considèrent que le droit international ne peut pas naître là où il n'y a pas d'États et situent alors la naissance de ce droit au début du XIIe siècle, lorsqu'apparaissent les premiers États (voir Patrick Daillier *et al.*, *Droit international public*, LGDJ, 8e édition, p. 52 *sq.*). De manière générale sur l'histoire du droit international, on recommandera : Emmanuelle Tourme-Jouannet, *Le Droit international libéral-providence. Une histoire du droit international*, Bruylant, 2011, ou, dans un tout autre genre, la bande dessinée d'Olivier Corten, Pierre Klein (récit) et Gérard Bedoret (dessin), *De Salamanque à Guantanamo. Une histoire du droit international*, Futuropolis, 2022.
11. Francisco de Vitoria (1483/1486-1546), qui est parfois présenté comme l'un des pères du droit international, a construit sa pensée notamment au regard de la conquête de l'Amérique, c'est-à-dire de la colonisation de nouvelles terres par les grandes puissances européennes.
12. La distinction entre guerre juste et guerre injuste existait en droit canonique et avait déjà été pensée par des théologiens, tels que saint Augustin au IVe siècle ou l'Espagnol Francisco de Vitoria au XVIe siècle. Ainsi, selon saint Augustin, « sont dites justes les guerres qui punissent des injustices » *(Quaestiones in Heptateuchum*, IV, 10). Pour plus de détails, voir Frédéric Gros, « La dimension punitive des guerres justes dans la doctrine théologique (d'Augustin à Vitoria) », *Raisons politiques*, n° 17, 2005, p. 82. Quant à Vitoria, il insistait sur la nécessité de respecter une certaine proportionnalité, « le recours à la force ne pouvant excéder ce qui est nécessaire compte tenu du degré de gravité de l'injustice (*De jure belli*, 14). Voir François

Rigaux, « De la doctrine de la guerre juste à la prohibition du recours à la force », *Bulletin de la Classe des lettres et des sciences morales et politiques de l'Académie royale de Belgique*, t. 14, n° 1-6, 2003, p. 35-90.

13. Hugo Grotius, *Le Droit de la guerre et de la paix* [*De jure belli ac pacis*, 1625], traduction de Paul Pradier-Fodéré en 1867, PUF, « Quadrige », 2012.
14. Hugo de Groot (1583-1645).
15. Voir la traduction de François Rigaux, « De la doctrine de la guerre juste à la prohibition du recours à la force », art. cit., p. 55.
16. On distingue : le *jus ad bellum* (droit de la guerre), qui définit les conditions de légalité du recours à la force par les États, et le *jus in bello* (droit dans la guerre ou droit humanitaire), qui pose des limites à l'utilisation de la force armée dans un conflit.
17. L'auteur ajoute que « cette évolution est essentiellement due aux États-Unis, qui entendent récupérer un droit quasi illimité de recourir à la force armée ». Voir Serge Sur, « Quelle légalité pour le conflit armé en droit international ? », *Cités*, n° 24, 2005, p. 103.
18. On date généralement les principes de la souveraineté et de l'indépendance des États de 1648, année où les puissances européennes ont signé les accords de Westphalie pour tenter d'établir la paix entre elles.
19. La souveraineté sur un territoire et une population est interne à l'État mais a aussi une dimension internationale. « La souveraineté, dans les relations entre États, signifie l'indépendance. L'indépendance, relativement à une partie du globe, est le droit d'y exercer, à l'exclusion de tout autre État, les fonctions étatiques » (Cour permanente d'arbitrage, sentence arbitrale de Max Huber, La Haye, 4 avril 1928).
20. Pour mémoire, *cf.* Déclaration relative aux principes du droit international touchant les relations amicales et la

coopération entre les États conformément à la Charte des Nations unies, résolution 2625 (XXV) du 24 octobre 1970.

21. Cour internationale de justice, Activités militaires et paramilitaires au Nicaragua et contre celui-ci (Nicaragua c. États-Unis d'Amérique), arrêt (fond) du 27 juin 1986.
22. C'est le cas notamment de l'action militaire déclenchée après l'invasion du Koweït par l'Irak. Le 2 août 1990, le Conseil de sécurité de l'ONU a constaté que cette invasion du Koweït représentait une rupture de la paix et de la sécurité internationales et a autorisé le recours à la force pour contraindre l'Irak à se retirer du Koweït (résolution 678).
23. Cour permanente d'arbitrage, *Affaire de l'usine de Chorzów*, n° 13, 1928, C.P.J.I., série A, n° 17, p. 47.
24. Serge Sur, « Quelle légalité pour le conflit armé en droit international ? », *Cités* 2005/4, p. 104.
25. Charte des Nations unies, chapitre VII.
26. Le Premier Ministre britannique Tony Blair, qui était favorable à l'intervention en Irak, avait convaincu George W. Bush d'obtenir l'autorisation de l'ONU avant de déclencher une intervention militaire, puis d'allonger le délai accordé aux inspecteurs des Nations unies envoyés à Bagdad pour enquêter (Jean-Claude Sergeant, « L'Angleterre et l'Amérique. La "relation spéciale" : anatomie d'un rapport ambigu », *Hérodote*, n° 109, 2003, p. 71).
27. Outre les États-Unis et le Royaume-Uni, elle rassemblait l'Irlande du Nord, la Pologne et l'Australie.
28. Jean-Baptiste Jeangène Vilmer, « Crimée : les contradictions du discours russe », *Politique étrangère*, n° 1, 2015, p. 159.
29. Traité de Versailles, signé le 28 juin 1919, article 227.
30. Onze d'entre eux ont été exécutés. Hermann Göring s'est suicidé la veille de la pendaison collective.
31. « Seule l'Australie proposa solennellement que l'empereur fût livré à la justice », mais sa demande « fut rejetée lors de la réunion du ministère public, au motif que MacArthur ne l'approuvait pas. L'empereur fut donc épargné » (Kentano

Awaya, « Imparfaits procès de Tokyo. Après Nuremberg, des procès moins connus de criminels de guerre », *Le Monde*, 26 septembre 2005).

32. Résolution 827 du Conseil de sécurité, adoptée le 23 mai 1993.
33. Résolution 955 du Conseil de sécurité, adoptée le 8 novembre 1994.
34. Traité de Rome, signé le 17 juillet 1998, entré en vigueur le 1er juillet 2002, après sa ratification par soixante premiers États parties.
35. Depuis sa création et avant l'invasion russe de 2022, la CPI avait été saisie de trente affaires au total impliquant quarante-six suspects ou accusés. Elle avait déjà ouvert des enquêtes sur quatorze situations en « Afghanistan, Bangladesh/Myanmar, Burundi, Côte d'Ivoire, Darfour (Soudan), Géorgie, Kenya, Libye, Mali, Ouganda, État de Palestine, République centrafricaine I et II et République démocratique du Congo » (Rapport annuel de la Cour pénale internationale sur ses activités en 2020/2021 à l'Organisation des Nations unies, 24 août 2021).
36. Frédéric Tiberghien, « Quel avenir pour la justice pénale internationale ? », *Politique internationale*, n° 94, hiver 2001-2002, p. 341-354.
37. *Ibid.*
38. Respectivement par le TPIY et le TSSL.
39. Pour être plus précise, aucun des deux États n'avait ratifié le statut de la Cour. En droit, on distingue la signature d'un traité et sa ratification. Schématiquement, lorsqu'un État *signe* un traité international, il montre son accord avec le texte qui résulte des négociations et son intention de devenir partie dans le traité. Lorsqu'un État *ratifie* un traité international, il s'engage à appliquer les obligations contenues dans la convention. Dans la plupart des États démocratiques, c'est le chef d'État qui a compétence pour signer le traité et c'est le parlement ou le congrès qui le ratifie.

40. En vertu de l'article 12 (1a) du Statut de la CPI, la Cour est compétente pour les crimes commis sur le territoire des États parties.
41. En vertu de l'article 12 (1b) du Statut de la CPI, la Cour est aussi compétente lorsque l'auteur supposé des faits est le ressortissant d'un État partie.
42. Cette possibilité est prévue par l'article 12 (3) du Statut de la CPI.
43. Charte des Nations unies, chapitre VII.
44. Andrej Toporkov (traduit par Marie Tournié), « Les fonctions rituelles et mythologiques du baiser chez les Slaves de l'Est », *Revue des études slaves*, t. 69, 1997, p. 525.
45. Statut de la CPI, article 8 bis.
46. Un État partie est un État qui a signé et ratifié un traité.
47. « Si l'acceptation de la compétence de la Cour par un État qui n'est pas partie au présent Statut est nécessaire aux fins du paragraphe 2, cet État peut, par déclaration déposée auprès du greffier, consentir à ce que la Cour exerce sa compétence à l'égard du crime dont il s'agit. L'État ayant accepté la compétence de la Cour coopère avec celle-ci sans retard et sans exception conformément au chapitre I » (Statut de la CPI, article 13 [3]).
48. Nikolaï Sokolov (magistrat), *Enquête judiciaire sur l'assassinat de la famille impériale russe*, Payot, 1929, p. 256.
49. Nicolas Ross, *Ils ont tué le tsar. Les bourreaux racontent*, Éditions des Syrtes, 2018.
50. Pierre Astié, Dominique Breillat et Cléine Lageot, « Repères étrangers : Russie », *Pouvoirs*, n° 129, 2009, p. 211.
51. Convention sur la prévention et la répression des infractions contre les personnes jouissant d'une protection internationale, y compris les agents diplomatiques, datant du 14 décembre 1973, entrée en vigueur le 20 février 1977, Nations unies, *Recueil des traités*, vol. 1035, p. 167.
52. *Ibid.*, article 1.
53. *Ibid.*

54. Le 15 janvier 1976, la Russie a ratifié la Convention sur la prévention et la répression des infractions contre les personnes jouissant d'une protection internationale, y compris les agents diplomatiques, du 14 décembre 1973. L'Ukraine a procédé à cette ratification cinq jours plus tard.
55. Ce n'est que le 26 août 2003 que la France a ratifié la Convention sur la prévention et la répression des infractions contre les personnes jouissant d'une protection internationale, y compris les agents diplomatiques, du 14 décembre 1973.
56. Après la constitution de la commission extraordinaire d'État d'études des crimes nazis en 1942 (Francine Hirsch, *Soviet Judgment at Nuremberg. A New History of the International Military Tribunal after World War II*, Oxford University Press, 2020).
57. Benoît Vitkine, « Ukraine : Volodymyr Zelensky remporte la présidentielle, le pays fait un saut dans l'inconnu », *Le Monde*, 21 avril 2019.
58. Ilya Yashine, *Le Rapport Nemtsov. Poutine et la guerre*, préface de Marie Mendras et postface de Michel Eltchaninoff, Actes Sud, 2016.
59. Nicolas Hasson-Fauré, « Qui était Boris Nemtsov, l'opposant russe assassiné en 2015 qui dénonçait déjà la guerre en Ukraine ? », *Ouest France*, 28 février 2022.
60. Charte des Nations unies, article 51.
61. « Projet d'articles sur la responsabilité de l'État pour fait internationalement illicite, avec commentaires », *Annuaire de la CDI*, vol. 2, partie 2, 2001, p. 74.
62. En mars 2022, Dmitri Medvedev prit prétexte de l'exclusion de la Russie du Conseil de l'Europe pour prôner le rétablissement de la peine capitale afin de pouvoir faire condamner à mort des combattants capturés en Ukraine.
63. En adhérant au Conseil de l'Europe, la Russie en a signé le protocole additionnel n° 6 obligeant à abolir la peine de mort en temps de paix. Depuis, un moratoire sur la peine de mort est appliqué dans la Fédération.

64. Dans une décision du 30 décembre 1999.
65. CEDH, arrêt Öcalan c. Turquie du 12 mai 2005, § 163.
66. Protocole n° 13 à la Convention EDH, *Abolition de la peine de mort en toutes circonstances* (y compris pour les actes commis en temps de guerre ou de danger imminent de guerre).
67. Max Hastings, « Plotting to assassinate Putin is beneath us. The Russian leader may want President Zelensky dead, but democracies diminish themselves by targeting heads of state », *The Times*, 23 mars 2022.
68. Voir notamment la Convention européenne pour la répression du terrorisme du 27 janvier 1977, *Série des traités européens*, n° 90.
69. Cité par Michel Massé, « De Nuremberg à La Haye : le droit international pénal », 6 mai 2019, conférence organisée au Centre culturel de rencontre, Abbaye de Neumünster, Luxembourg.
70. On peut trouver ses archives personnelles au Mémorial des enfants juifs exterminés d'Izieu dans l'Ain.

2. Le crime (p. 51-68)

1. *Procès Barbie. L'AFP raconte*, AFP, 1987, p. 137.
2. *Anthologie de la littérature ukrainienne jusqu'au milieu du XIXe siècle*, avant-propos d'Antoine Meillet, M. Giard et Cie, 1921, p. 122.
3. Patrick Chauvel et Florent Marcie, « Ukraine : Oksana, portrait d'une martyre de la guerre », *Paris Match*, 8 octobre 2022.
4. *Ibid.*
5. *Ibid.* Voir aussi Carlotta Gall et Oleksandr Chubko, « Three Women of Bucha », *The New York Times*, 15 octobre 2022.
6. *Anthologie de la littérature ukrainienne jusqu'au milieu du XIXe siècle*, *op. cit.*, p. 122.
7. Le 21 novembre 2013 est la date du début des manifestations en Ukraine après la décision du parlement et du pré-

sident de ne pas signer d'accord d'association avec l'Union européenne et de proposer la création d'une commission tripartite sur le commerce incluant Moscou.

8. Michel Eltchaninoff, *Dans la tête de Vladimir Poutine* [2015], Babel essai, édition augmentée, 2022, p. 41.
9. *Ibid.*, p. 36.
10. En septembre 2015, Poutine envoya des troupes russes en Syrie pour aider Bachar El-Assad à se maintenir au pouvoir. Il avait alors présenté son geste comme une tentative de réparation de la « succession d'erreurs occidentales commises depuis la fin de la guerre froide : révolutions de couleurs et soulèvements arabes organisés par les Américains », « apparition de l'organisation État islamique, encouragé et armé par les Occidentaux » (Michel Eltchaninoff, *Dans la tête de Vladimir Poutine*, *op. cit.*, p. 41).
11. Conférence internationale de La Haye, 1899.
12. C'était en ces temps où l'on ne parlait pas encore de « droit international », mais de « droit des gens » – expression que l'on trouve encore de nos jours pour désigner le droit qui protège les personnes et les biens en temps de guerre. D'Aguesseau définissait le droit des gens comme le droit entre les nations, avant que l'expression « droit international » ne s'impose finalement sous l'influence de Jeremy Bentham. Voici la définition que l'on en trouve dans le *Vocabulaire juridique* de Gérard Cornu : « a) Expression souvent employée comme synonyme de droit international public. b) Pour certains auteurs, règles applicables à tous les hommes et tirant leur valeur obligatoire des nécessités de la vie internationale. c) Terme utilisé parfois en période de guerre pour désigner les règles supérieures qui s'imposent aux belligérants et qui ont pour objet la protection des personnes humaines, des biens culturels, des villes ouvertes, etc. » (Gérard Cornu [dir.], *Vocabulaire juridique*, PUF, 2007, p. 333).

13. La Conférence créa une Commission des responsabilités des auteurs de la guerre et des sanctions pour y réfléchir. Celle-ci recommandait de pouvoir juger les individus accusés devant un tribunal international, qui appliquerait « les principes du droit des gens, tels qu'ils résultent des usages établis entre nations civilisées, des lois de l'humanité et des exigences de la conscience publique ». Mais cette recommandation ne fut pas adoptée par la Conférence de la paix. Voir Lison Néel, « La judiciarisation internationale des criminels de guerre : la solution aux violations graves du droit international humanitaire ? », *Criminologie*, vol. **33**, n° 2, 2000, p. 154.
14. Fr. Hirsch, *Soviet Judgment at Nuremberg*, *op. cit.* Citée par la tribune de Gordon Brown et Philippe Sands en date du 4 mars 2022.
15. Matthias Gemählich, « "Notre combat pour la paix" : la France et le procès de Nuremberg (1945-1946) », *Revue d'Allemagne et des pays de langue allemande*, 51-2, 2019, p. 509.
16. Philippe Sands, *Retour à Lemberg*, traduit de l'anglais par Astrid von Busekist, Albin Michel, 2017, p. 26.
17. Voir Georges Nivat, « Juger et punir chez Dostoïevski », *Esprit*, n° 8-9, 2007, p. 178-190.
18. « N'est-il pas absurde que les lois, qui ne sont que l'expression de la volonté générale, qui détestent et punissent l'homicide, ordonnent un meurtre public, pour détourner les citoyens de l'assassinat ? » (Cesare Beccaria, *Des délits et des peines* [1764], traduit de l'italien par Collin de Plancy, chapitre XXVIII « De la peine de mort », Éditions du Boucher, 2002, p. 59.)
19. Guillaume Mickeler, « L'"abolition" de la peine capitale en Russie au XVIIIe siècle », *Revue historique de droit français et étranger*, vol. 87, n° 1, 2009, p. 41-57. L'auteur donne une vision nuancée de l'abolition décidée par Élisabeth et qui avait été saluée par Voltaire en son temps : selon lui, la peine de mort aurait toujours été possible pour trahison.

20. M. Eltchaninoff, *Dans la tête de Vladimir Poutine*, *op. cit.*, p. 75 *sq*.
21. Code pénal russe dans sa version entrée en vigueur le 1er janvier 1997, articles 353 et 354 (appel public à déclencher un crime d'agression). D'après l'article 36 du Code de procédure pénale (version du 15 décembre 1996), ces crimes sont « de la compétence des tribunaux de droit commun (tribunaux de territoire, de région, de ville, de région autonome et de territoire autonome ou, le cas échéant, tribunaux de la Cour suprême de la République) » (Nadine Marie-Schwartzenberg, « Droit russe », *in* Antonio Cassese et Mireille Delmas-Marty [dir.], *Juridictions nationales et crimes internationaux*, PUF, 2002, p. 268).
22. Code pénal de la République du Bélarus nº 275-z du 9 juillet 1999, tel que modifié le 11 novembre 2019, articles 122 (Crime d'agression) et 123 (Appel au crime d'agression).
23. Code pénal ukrainien, articles 332-2 et 437.
24. S. Sur, « Quelle légalité pour le conflit armé en droit international ? », art. cit., p. 103.
25. Traduit de l'anglais par Juliette Kopecka.

II.
HORS-LA-LOI

1. Les accusés (p. 71-92)

1. Cité par Catherine Belton, « Poutine, peu habitué à perdre, est de plus en plus isolé au fur et à mesure que la guerre s'essouffle. Un nouveau fossé se creuse entre le président et une grande partie de l'élite du pays », *The Washington Post*, 30 décembre 2022.
2. Augusto Pinochet fut aussi accusé de génocide et de terrorisme, ce qui était plus difficile à démontrer juridiquement.
3. Juridiction espagnole compétente pour les crimes les plus graves de portée nationale ou internationale.

4. Brigitte Stern, « Pinochet face à la justice », *Études*, t. 394, n° 1, 2001, p. 8.
5. *Ibid.*
6. Affaire n° It-02-54, Le Procureur c. Slobodan Milosevic, Témoin : Aferdita Hajrizi. 26 avril 2002, extrait de compte rendu d'audience, p. 3887-3911.
7. *Ibid.*
8. Janine Barbot et Nicolas Dodier, « De la douleur au droit. Ethnographie des plaidoiries lors de l'audience pénale du procès de l'hormone de croissance contaminée », *in* Mathieu Berger, Daniel Cefaï et Carole Gayet-Viaud (dir.), *Du civil au politique. Ethnographies du vivre-ensemble*, Peter Lang, 2009, p. 289-322 ; Milena Jakšić et Nadège Ragaru, « Le témoignage comme preuve. Itinéraires judiciaires des victimes. Présentation du dossier », *Droit et société*, n° 102, 2019, p. 227-241.
9. *Haji* est un terme arabe désignant le musulman qui a effectué le pèlerinage à La Mecque.
10. Extrait d'un discours prononcé par Mike Prysner en 2009, publié sur Facebook (je traduis).
11. *Ibid.*
12. *Ibid.*
13. Tatiana Kastouéva-Jean, *La Russie de Poutine en 100 questions*, Tallandier, 2022, p. 77.
14. M. Eltchaninoff, *Dans la tête de Vladimir Poutine*, *op. cit.*, p. 11-12.
15. Selon les articles 113 et 114 de la Constitution russe (telle que modifiée en 2020), c'était le chef du gouvernement qui « portait la responsabilité personnelle devant le président des mesures adoptées pour "assurer la défense du pays, la sécurité de l'État, la réalisation de la politique extérieure de la Fédération de Russie" ».
16. M. Eltchaninoff, *Dans la tête de Vladimir Poutine*, *op. cit.*, p. 189.
17. Charte des Nations unies, article 51.

18. *Ibid.*, article 39.
19. *Ibid.*, article 2.
20. Conférence de presse de Catherine Colonna, ministre de l'Europe et des Affaires étrangères, à l'occasion de la 77e Assemblée générale des Nations unies (New York, 19 septembre 2022).

2. DÉSOBÉIR (p. 93-109)

1. André Philip, *André Philip par lui-même ou les voies de la liberté*, suivi de *Derniers entretiens de A. Philip avec Francis Jeanson*, préface de Paul Ricœur, Aubier-Montaigne, 1971.
2. Cette histoire est inspirée de celle de Katarina, qui a caché le soldat ukrainien Mikaelo pendant cinq mois. Merci à l'équipe de journalistes qui l'a racontée dans un magnifique reportage : H. Degouzel M. Burgot, E. Delevoye, H. Horoks, D. Padalka et V. Hryshko, *Guerre en Ukraine : le geste héroïque d'une Ukrainienne qui a caché un soldat pendant des semaines*, France 2, Journal de 20 h, 30 octobre 2022.
3. Guillaume Mouralis, « Le procès Papon. Justice et temporalité », *Terrain*, nº 38, 2002, p. 55.
4. Gordon Brown, *My Life, Our Times*, Bodley Head, 2017.
5. Le chancelier de l'Échiquier n'avait pas accès à toutes les informations.
6. D'après les témoignages recueillis par Timothy A. Clary, « Un ambassadeur esseulé, visage à l'ONU d'une diplomatie russe sur la défensive », *L'Express*, 13 mars 2022.
7. Voir Déclaration du Millénaire, résolution adoptée le 14 décembre 2000 par l'Assemblée générale, 55/2.
8. L'Assemblée générale a adopté une résolution condamnant la Russie, à une très large majorité de cent quarante et un États, et seulement cinq votes défavorables (la Russie, la Biélorussie, l'Érythrée, la Syrie et la Corée du Nord). Toutefois, contrairement à celles du Conseil de sécurité, les résolutions de l'Assemblée générale ont seulement valeur de recommandation. Elles relèvent plutôt de la *soft law*.

9. Depuis 1945, chaque membre du Conseil de sécurité dispose d'une voix. Les décisions sur les questions de fond sont prises par un vote affirmatif de neuf membres, parmi lesquels doivent figurer les cinq membres permanents, ce qui donne de fait à ces derniers un droit de veto et concentre toutes les critiques. En revanche, les décisions de procédure sont prises par un vote affirmatif de neuf des quinze membres, quels qu'ils soient.
10. Déclaration de Vladimir Poutine, 24 février 2022.

III.
LE DUEL

1. Juger (p. 113-139)

1. En particulier pour ceux que le sociologue français Émile Durkheim appelle les « honnêtes gens », qui y trouveront la confirmation qu'il est nécessaire de respecter le droit (Émile Durkheim, « Définitions du crime et fonction du châtiment », *Déviance et Criminalité*, Armand Colin, 1970, p. 88).
2. Marie-Élisabeth Baudoin, « La révision de la Constitution russe de 2020 ou comment préparer l'avenir en consolidant l'existant », *Le Club des Juristes*, 3 juillet 2020 (article consultable en ligne).
3. Elena Kremianskaïa, Tamara Kouznetsova, Nikita Moltchakov et Inna Rakitskaïa, *Le Droit constitutionnel russe*, Tallandier, 2021, p. 194.
4. Décision de la Cour constitutionnelle de la Fédération de Russie du 11 juillet 2000, N 12-P, « sur l'interprétation des articles 91 et 92 (2) de la Constitution relatifs à la cessation anticipée des pouvoirs présidentiels en cas d'incapacité permanente d'exercer ses pouvoirs en raison d'une mauvaise santé » (consultable en ligne, en russe).
5. D'abord, la Chambre basse de l'Assemblée fédérale – que l'on appelle la Douma d'État ou Douma – doit mettre le président en accusation à l'initiative d'au moins un tiers

des députés et à la majorité des deux tiers. Cette mise en accusation doit ensuite être confirmée par deux avis : celui de la Cour suprême sur la matérialité des actes qui lui sont reprochés et celui de la Cour constitutionnelle concernant le respect de la procédure. Enfin, la chambre haute – le Conseil de la Fédération – se prononce, elle aussi à la majorité des deux tiers, sur la destitution elle-même. Si, trois mois après la mise en accusation du président par la Douma d'État, aucune décision n'est adoptée par le Conseil de la Fédération, l'accusation contre le président est considérée comme rejetée.

6. Décret présidentiel du 31 décembre 1999, nº 1763, sur les garanties accordées à un président de la Fédération de Russie ayant renoncé à ses fonctions et aux membres de sa famille.
7. Avis intermédiaire de la Commission européenne pour la démocratie par le droit (Commission de Venise) sur les amendements constitutionnels et la procédure pour leur adoption nº 992/2020 du 23 mars 2021, adopté à sa 126e session plénière sur la base des commentaires de M. Nicos Alivizatos (membre, Grèce), Mme Claire Bazy-Malaurie (membre, France), Mme Veronika Bílková (membre, République tchèque), M. Iain Cameron (membre, Suède), Mme Monika Hermanns (membre suppléante, Allemagne) et M. Martin Kuijer (membre suppléant, Pays-Bas), § 59.
8. Julien Ancelin et Amélie Ferey, « Vers une théorie du *lawfare* ? », *Raisons politiques*, vol. 85, nº 1, 2022, p. 6.
9. Ou plus précisément qu'« elle fournisse des assurances et garanties de non-répétition en ce qui concerne la prise par elle de toute mesure illicite en Ukraine et contre celle-ci, notamment l'emploi de la force, en se fondant sur son allégation mensongère de génocide ».
10. Même si une mesure provisoire est apparemment favorable à l'une des parties, cela ne signifie pas que le contenu du jugement final le sera aussi.

11. CIJ, Allégations de génocide au titre de la convention pour la prévention et la répression du crime de génocide (Ukraine c. Fédération de Russie), Ordonnance en indication de mesures conservatoires du 16 mars 2022.
12. L'Ukraine est membre du Conseil de l'Europe depuis le 9 novembre 1995.
13. Statut de la CPI, article 17.
14. Statut de la CPI, article 15.
15. Le Royaume-Uni a signé le Statut de la CPI le 30 novembre 1998 et l'a ratifié le 4 octobre 2001.
16. Statut de la CPI, article 17-1.
17. Déclaration de Fatou Bensouda, procureur de la CPI, au sujet de la conclusion de l'examen préliminaire de la situation en Irak/Royaume-Uni, 9 décembre 2020.
18. La République d'Albanie, la République fédérale d'Allemagne, le Commonwealth d'Australie, la République d'Autriche, le Royaume de Belgique, la République de Bulgarie, le Canada, la République de Chypre, la République de Colombie, la République du Costa Rica, la République de Croatie, le Royaume du Danemark, le Royaume d'Espagne, la République d'Estonie, la République de Finlande, la République française, la Géorgie, le Royaume-Uni de Grande-Bretagne et d'Irlande du Nord, la République hellénique, la Hongrie, la République d'Islande, l'Irlande, la République italienne, la République de Lettonie, la Principauté du Liechtenstein, la République de Lituanie, le Grand-Duché de Luxembourg, la République de Malte, la Nouvelle-Zélande, le Royaume de Norvège, le Royaume des Pays-Bas, la République de Pologne, la République portugaise, la Roumanie, la République slovaque, la République de Slovénie, le Royaume de Suède, la Confédération suisse et la République tchèque.
19. Le début des manifestations en Ukraine date du 21 novembre 2013, après la décision du Parlement et du Président de ne pas signer d'accord d'association avec

l'Union européenne et de proposer la création d'une commission tripartite sur le commerce incluant Moscou.

20. La liste des premiers signataires figure sur le site internet du *Journal du Dimanche.*
21. Affaire relative au mandat d'arrêt du 11 avril 2000 (République démocratique du Congo c. Belgique) (fond). Arrêt du 14 février 2002, § 47.
22. Il faut en particulier distinguer l'immunité de juridiction et l'immunité d'exécution, toutes deux ayant des effets en matière pénale ou en matière civile. Ioannis Prezas définit parfaitement chacune d'entre elles : « L'immunité de juridiction consiste à interdire à l'État du for d'exercer son pouvoir juridictionnel à l'égard d'un litige impliquant une personne bénéficiant de l'immunité, autrement dit un défendeur privilégié. En d'autres termes, le juge du for est tenu de s'abstenir d'exercer son pouvoir juridictionnel. L'immunité de juridiction peut être civile/administrative ou pénale. La première rend impossible l'examen au fond d'une action dirigée contre son bénéficiaire, alors que la seconde interdit au juge d'exercer ses pouvoirs répressifs à l'égard d'une telle personne, qui échappe ainsi à toute poursuite pénale. De son côté, l'immunité d'exécution consiste à interdire à l'État du for d'exercer les pouvoirs de contrainte normalement associés à la réalisation effective du droit et destinés notamment à assurer l'exécution d'un jugement ayant condamné le bénéficiaire de l'immunité. L'État du for est donc tenu de s'abstenir de mettre en œuvre les voies d'exécution civile contre les biens d'une telle personne » (Ioannis Prezas, « Immunités internationales », *JurisClasseur Droit international*, 2019, fasc. 409-450).
23. Même si la courtoisie internationale impose de prendre certaines précautions pour inviter un chef d'État, un Premier ministre ou un ministre des Affaires étrangères à témoigner (CIJ, Affaire relative à certaines questions concernant

l'entraide judiciaire en matière pénale, Djibouti c/France, arrêt du 4 juin 2008, § 173).

24. CIJ, 3 février 2012, Immunités juridictionnelles des États, Allemagne c/ Italie ; Grèce (intervenant), points 55 et 56.
25. D'après la CIJ, « que ce soit lorsqu'ils invoquent l'immunité pour leur propre compte ou qu'ils l'accordent à d'autres, [les États] partent généralement du principe qu'il existe en droit international un droit à l'immunité de l'État étranger, dont découle pour les autres États l'obligation de le respecter et de lui donner effet » (CIJ, 3 février 2012, Immunités juridictionnelles des États, Allemagne c/ Italie, § 56). Voir aussi : Convention de Vienne sur les relations diplomatiques du 18 avril 1961, préambule.
26. Pour qu'un chef d'État puisse opposer son immunité pénale à une juridiction, sa qualité de chef d'État doit être incontestable. Par exemple, le général Noriega, qui dirigea le Panama pendant plus de six ans, ne fut pas reconnu comme son dirigeant légitime. Les juridictions américaine et française avaient constaté qu'en définitive il exerçait les fonctions de président, sans en avoir jamais reçu le titre, et qu'en réalité il était seulement « général commandant la garde nationale ». Arrêté en 1990, après l'intervention américaine dans son pays, il put donc être jugé par un tribunal fédéral de Floride, puis par le tribunal correctionnel de Paris (voir Antoine J. Bullier, « Kadhafi/Pinochet : Chambre d'accusation de la Cour d'appel de Paris et Chambre des lords se rejoignent dans une même logique », *Les Petites Affiches*, n° 243, 6 décembre 2000, p. 9).
27. La compétence universelle s'exerçant pour les infractions les plus graves, l'immunité de juridiction pénale du chef d'État ne devrait pas pouvoir s'appliquer. Quant à son immunité (*ratione personae* [à titre personnel]), elle serait inopérante ; ce type de crimes n'entrant pas, par nature, dans les fonctions d'un dirigeant politique, ils ne pouvaient être considérés comme accomplis à titre privé.

28. Juge d'instruction au tribunal de première instance de Bruxelles.
29. Ce qui était conforme au droit belge d'alors, par application de l'article 5 § 3 de la loi du 10 février 1999 précitée, en vertu duquel « l'immunité attachée à la qualité officielle d'une personne n'empêch[ait] pas l'application de la présente loi ».
30. Cette ordonnance est en ligne. Lire aussi : Anne Weyembergh, « Sur l'ordonnance du juge d'instruction Vandermeersch rendue dans l'affaire Pinochet », *RBDI*, n° 1, 1999, p. 178.
31. « Nul besoin de préciser que la torture de ses propres sujets ou d'étrangers ne saurait être considérée par le droit international comme entrant dans les fonctions d'un chef d'État. Le droit international reconnaît évidemment que les fonctions d'un chef d'État peuvent inclure des activités illicites, voire illégales, au regard de son droit national ou du droit d'autres États. Mais le droit international a clairement établi que certains types de comportement, y compris la torture et la prise d'otages, ne sont pas acceptables de la part de qui que ce soit. Cela s'applique tout autant, voire davantage, aux chefs d'État. » (Lord Nicholls, Decision by the appellate Committee of the House of Lords, 25 novembre 1998). Voir aussi House of Lords, Regina v. Bartle and the Commissioner of Police for the Metropolis and Others Ex Parte Pinochet (On Appeal from a Divisional Court of the Queen's Bench Division), 24 mars 1999, p. 581-663.
32. C'est ce qui fut appelé l'« affaire du mandat d'arrêt » : la Belgique avait émis un mandat d'arrêt pour « violations graves du droit international humanitaire » contre le ministre des Affaires étrangères du Congo, alors en exercice, en vertu de la même loi que celle à laquelle s'était référé le juge belge dans l'affaire Pinochet et qui ne reconnaissait pas l'immunité fonctionnelle dans le cas de crimes internationaux.

33. La coutume regroupe des pratiques considérées par ceux qui les appliquent comme une règle juridique devant être respectée au risque que sa violation soit sanctionnée.
34. L'affaire dont la Cour était saisie concernait un ministre des Affaires étrangères, mais elle précisa que la solution aurait été la même pour un chef d'État.
35. Reed Brody, « Le procès de Hissène Habré : Un tournant pour la justice internationale », *Les Cahiers de la justice*, n° 2, 2020, p. 304.
36. Julia Crawford, « Un jugement des dirigeants russes par contumace : quels seraient les avantages et les inconvénients ? », *Justice info*, 26 janvier, Justiceinfo.net ; Rachel Guillas, *Le jugement de l'absent. La contumace dans la procédure romano-canonique médiévale (IXe-XIIIe siècles)*, thèse sous la direction de Franck Roumy soutenue le 22 avril 2022, Université Paris-Panthéon-Assas, 456 p.
37. J. Crawford, « Un jugement des dirigeants russes... », art. cit.
38. Assemblée générale, Cinquante-septième session, 77e séance plénière, mercredi 18 décembre 2002, à 10 heures, New York, Nations Unies A/57/PV.77, p. 37.

2. La condamnation (p. 141-169)

1. Rapport sur la question de l'impunité des auteurs des violations des droits de l'homme (civils et politiques), 1997, rapport demandé par la Sous-Commission des droits de l'homme, Doc E/CN.4/Sub.2/1997/20/Rev.1, § 50.
2. Le 10 mai 2015, dans le parc de la Liberté à Tbilissi, un Géorgien d'origine arménienne, Vladimir Arutinian, lança une grenade en direction de George W. Bush, qui prononçait un discours aux côtés du président Saakachvili. La grenade, qui avait atterri à vingt mètres de la tribune, n'explosa pas. Une fois arrêté, le coupable expliqua qu'il avait voulu tuer le président géorgien, car ce dernier n'était qu'une marionnette aux mains des Américains.

3. Catherine Maia, « Quel rôle pour la CPI face aux allégations de crimes en Ukraine ? », *RDLF* (revue en ligne), 2022, chronique n° 17.
4. Conclu conformément à la résolution de l'Assemblée générale 57/228 du 18 décembre 2002.
5. Résolution 377A (V) de 1950. Voir aussi Catherine Maia et André-Marie Gbénou, « La motivation du droit de veto au Conseil de sécurité au cœur d'une nouvelle résolution de l'Assemblée générale des Nations Unies », *Recueil Dalloz*, n° 40, 24 novembre 2022, p. 2047.
6. Pour une illustration, voir CEDH, Miroļubovs et autres c. Lettonie, 2009, § 62 et § 65 ; S.A.S. c. France [GC], 2014, § 66.
7. Si l'on considère que le veto au Conseil de sécurité est un droit subjectif, ce qui peut être discutable.
8. Laurent Eck, *L'Abus de droit en droit constitutionnel*, L'Harmattan, 2010. Et Marie Lemey, *L'Abus de droit en droit international public*, LGDJ, 2021.
9. *Ibid.*
10. Par la suite, Olivier Corten et Vaios Koutroulis ont eux aussi défendu cette idée dans leur rapport de décembre 2022 intitulé *Tribunal pour le crime d'agression contre l'Ukraine – une évaluation juridique, analyse approfondie demandée par la sous-commission « droits de l'homme » du Parlement européen.*
11. Constitution ukrainienne, article 125 ; Constitution russe, article 118. Ces articles sont nés du fait qu'à l'époque soviétique « les troïkas spéciales, créées en 1937 en URSS, pouvaient rendre des jugements par contumace sur la base des dossiers soumis par des organes du NKVD, et dans certains cas conclure à la culpabilité des accusés, même en l'absence de tout dossier et de toute preuve » (Tamara Kouznetsova, Elena Kremianskaïa, Nikita Moltchakov et Inna Rakitskaïa, *Le Droit constitutionnel russe*, Tallandier, 2021, p. 194).

12. La loi biélorusse a été modifiée en juillet 2022 pour permettre les procès par contumace.
13. Antoine Garapon, *Des crimes qu'on ne peut ni punir ni pardonner; pour une justice internationale*, Odile Jacob, 2002, p. 110.
14. Cet article était destiné à être publié dans un grand journal londonien, mais, le 20 janvier 2023, la Grande-Bretagne annonça son ralliement aux négociations d'un tribunal international spécial pour l'Ukraine, ce qui en rendit la publication inutile. Merci à « Alex de Londres », Aarif Abraham et Andrew Milliland, les trois relecteurs de la version anglaise.

Conclusion (p. 171-175)

1. Le même jour, il a été annoncé que Maria Alekseyevna Lvova-Belova, commissaire présidentielle aux droits de l'enfant en Russie était aussi visée par un mandat d'arrêt.

Chronologie (p. 177-184)

1. Sur « l'agression de la Fédération de Russie contre l'Ukraine : faire en sorte que les auteurs de graves violations du droit international humanitaire et d'autres crimes internationaux rendent des comptes ».

Lexique (p. 185-192)

1. CIJ, Questions concernant l'obligation de poursuivre ou d'extrader (Belgique c. Sénégal), arrêt, Recueil 2012, p. 422.
2. Les chambres ont été prévues par la loi cambodgienne du 10 août 2001 et la résolution 57/228 A de l'Assemblée générale des Nations unies. Leurs textes fondateurs sont l'accord entre l'ONU et le Royaume du Cambodge du 6 juin 2003 et la loi nationale du 27 octobre 2004.
3. Agissant en vertu du chapitre VII de la Charte des Nations unies.

4. Agissant en vertu du chapitre VII de la Charte des Nations unies.
5. Conformément à une résolution du Conseil de sécurité priant le secrétaire général de négocier un accord avec le gouvernement sierra-léonais, en vue de créer un tribunal spécial indépendant chargé de poursuivre les personnes qui portent la responsabilité la plus lourde des violations graves du droit international humanitaire, ainsi que des crimes commis au regard du droit sierra-léonais.

Remerciements

Je voudrais exprimer ma reconnaissance à tous les proches, amis, et collègues qui m'ont accompagnée durant l'écriture de ce livre en m'écoutant le leur raconter, en m'encourageant par un mot, une blague, ou une précision importante.

Rien n'aurait été possible sans le principal « tireur embusqué », le très talentueux Philippe Sands, que je remercie de tout cœur. C'est lui qui m'a fait connaître Hélène Monsacré, mon éditrice, qui a immédiatement compris ce qui n'était encore qu'un projet, qui a adhéré à mes idées *a priori* un peu farfelues et m'a ensuite aidée à composer, de la plus belle des manières, cette rhapsodie. Je la remercie ainsi qu'Amandine Chevreau, Sylvie Taussig et surtout Mélanie Adda. Merci aussi à Anna Pavlowitch et Gilles Haéri pour leur confiance ; à Céline Chiflet, Solène Chabanais et à toute l'équipe d'Albin Michel pour son chaleureux professionnalisme.

Ce livre n'existerait peut-être pas non plus si je n'avais pas été nourrie intellectuellement par la ville où j'habite. Lyon, qui a abrité le premier procès français pour crime contre l'humanité, est souvent décrite comme la capitale de la Résistance, du cinéma et de la littérature. Elle se singularise par le dynamisme de ses lieux de culture et de mémoire, tels que le Centre d'Histoire de la Résistance et de la Déportation, le Mémorial national de la Prison de Montluc et la nécropole nationale de Chasselay. Comme l'Institut Lumière, qui doit tant à Thierry Frémeaux et au très regretté Bertrand Tavernier – il a inspiré la référence à Liberty Valance – , la Villa Gillet dynamise la « capitale des Gaules » en organisant de passionnants rendez-vous littéraires. C'est au cours de l'un de ses dîners organisés en marge d'une rencontre autour d'Agnès Desarthe et de Philippe Sands que ce livre, *Peut-on juger Poutine ?*, a pris vie pour la première fois. Merci donc aux personnes qui se trouvaient autour de la table ce soir-là, en plus des deux écrivains honorés : Lucie Campos, Pauline Hartmann, Sonya Faure, Stéphane Nivet et Hervé de Gaudemar.

Pour ceux ou celles qui viendraient à proximité de la région lyonnaise dans l'Ain, je recommande aussi la visite de la Maison des enfants d'Izieu citée dans ce livre, où l'on ressent intimement ce qu'est un crime contre l'humanité. Son exposition permanente permet de mieux comprendre la justice pénale internationale et ses enjeux. Toutes les personnes qui animent ce lieu de mémoire font un travail admirable, et je leur en suis très reconnaissante.

Merci au professeur Robert Badinter pour sa manière d'incarner ce qu'est la Justice.

Des juristes lyonnais ont œuvré activement pour que la France rejoigne le mouvement en faveur d'un jugement du crime d'agression, à commencer par la bâtonnière Marie-Josèphe Laurent, Karine Citharel et Sophie Renard du Barreau de Lyon, le doyen de la Faculté de droit Olivier Gout, le président de l'Université Jean-Moulin-Lyon-III, Éric Carpano, Me Franck Heurtrey, la professeure Gaelle Marti et le professeur Pierre-François Laval qui m'a aidée à écrire la tribune parue dans le *JDD*. D'autres – doyens, professeurs, avocats, magistrats, essayistes – nous ont très rapidement rejoints. Qu'en soient particulièrement remerciés : Jean-François Barre, Béatrice Bertrand, Louis-Augustin Barrière, Baptiste Bonnet et Adrien Bascoulergue, Caroline Chamard, Véronique Champeil-Desplats, Laurent Eck, Régis Fraisse, Antoine Garapon, Fabrice Gartner, Géraldine Giraudeau, Henri Labayle, Catherine Le Bris, Gilles Le Chatelier, Jean-Paul Jean, Valère Ndior, Xavier Pin, Noelle Quenivet, Maïté Roche, Damien Roets, Dominique Rousseau, Denis Salas, Serge Slama, Karine Roudier, Christophe Roux, Élise Untermaier-Kerléo, Didier Veillon et Gulsen Yildirim ; avec une petite mention spéciale pour Hugues Fulchiron ou encore Xavier Philippe, et

Hélène Ruiz-Fabri, signataires de la première tribune française. J'ajoute à ces remerciements tous les collègues de l'Université Jean-Moulin-Lyon-III avec qui j'ai tellement de chance de travailler.

En Grande-Bretagne, j'ai beaucoup apprécié les échanges avec Gordon Brown, Aarif Abraham, brillant relecteur et responsable de la collecte des signatures des différentes tribunes en anglais, et Andrew Hilland. Merci également à la courageuse Oleksandra Matviichuk et à Pablo N.

Des visages aimés ou amis surgissaient régulièrement pendant l'écriture de ce livre, tout particulièrement ceux des membres des familles Philip, Gay, Umdenstock, Wertheimer, Vieu, Jeanson, Boumendjel, et du peuple chagossien, en particulier Liseby Élisé et Olivier Bancoult (avec qui nous nous sommes découvert un lien de parenté !) ; sans oublier ceux de toutes les personnes citées dans ce livre. Merci notamment à Nadir Boumendjel qui m'a autorisée à utiliser son histoire et celle de son père.

J'ai évidemment une pensée spéciale pour mon cercle très rapproché, l'une de clefs de mon équilibre. Merci à Max pour ces vingt-cinq années de complicité et de découvertes ; à Héloïse, Alix et Jeanne, trois filles extraordinaires, toujours pleines de joie de vivre, dont je suis extrêmement fière.

Merci également à mon amie de toujours, et confidente, que je n'ai pas besoin de nommer ; à mes parents, (beaux-)frères, (belles-)sœurs, neveux et nièces pour leur soutien constant, à Mathieu et

Mona qui ont accompagné mes premières réflexions sur le livre, Alex and Clem from London (Thanks again Alex !), à Thom, Béa, Juliette et Émile (le complice des festivals de cinéma), Pierre et Hélène (après « Courir pour elles », voici le temps d'« écrire pour L. »), Walter et Hélène (pour la raclette malgré les loups), à Catherine (pour ce petit plat apporté le jour où je devais finir un chapitre), aux pisteurs, ambulanciers et personnel médical d'une certaine station de ski française pour m'avoir évité de manquer la version définitive du livre *(private joke !)* ; à Sabine, Étienne, Zacharie et Adèle.

Enfin, merci à mes babouchkas, et à Albert Camus.

Table

Impression CPI Bussière en avril 2023
Éditions Albin Michel
22, rue Huyghens, 75014 Paris
www.albin-michel.fr

ISBN : 978-2-226-48410-9
N° d'édition : 25470/01 – N° d'impression : 2070583
Dépôt légal : mai 2023
Imprimé en France